D1753373

BAYERN

Erste Seite:
Ramsau nahe Berchtesgaden ist sowohl viel besuchter heilklimatischer Kurort als auch idealer Ausgangspunkt für Wanderungen und Bergtouren. Inmitten einer grandiosen Bergkulisse bietet die Pfarrkirche St. Fabian und St. Sebastian einen besonders malerischen Anblick. Sie wurde zu Beginn des 16. Jahrhunderts errichtet.

Viehweide am Hopfensee. Im Hintergrund der 2047 Meter hohe Säuling, einer der höchsten Berge des Ammergebirges. Insgesamt 27 600 Hektar groß, beherbergt dieser im Osten vom Loisachtal und im Westen vom Lechgletscher begrenzte Gebirgsstock aus Kalk- und Dolomitfelsen eines der größten Naturschutzgebiete Deutschlands.

MIT BILDERN VON MARTIN SIEPMANN UND TEXTEN VON ERNST-OTTO LUTHARDT

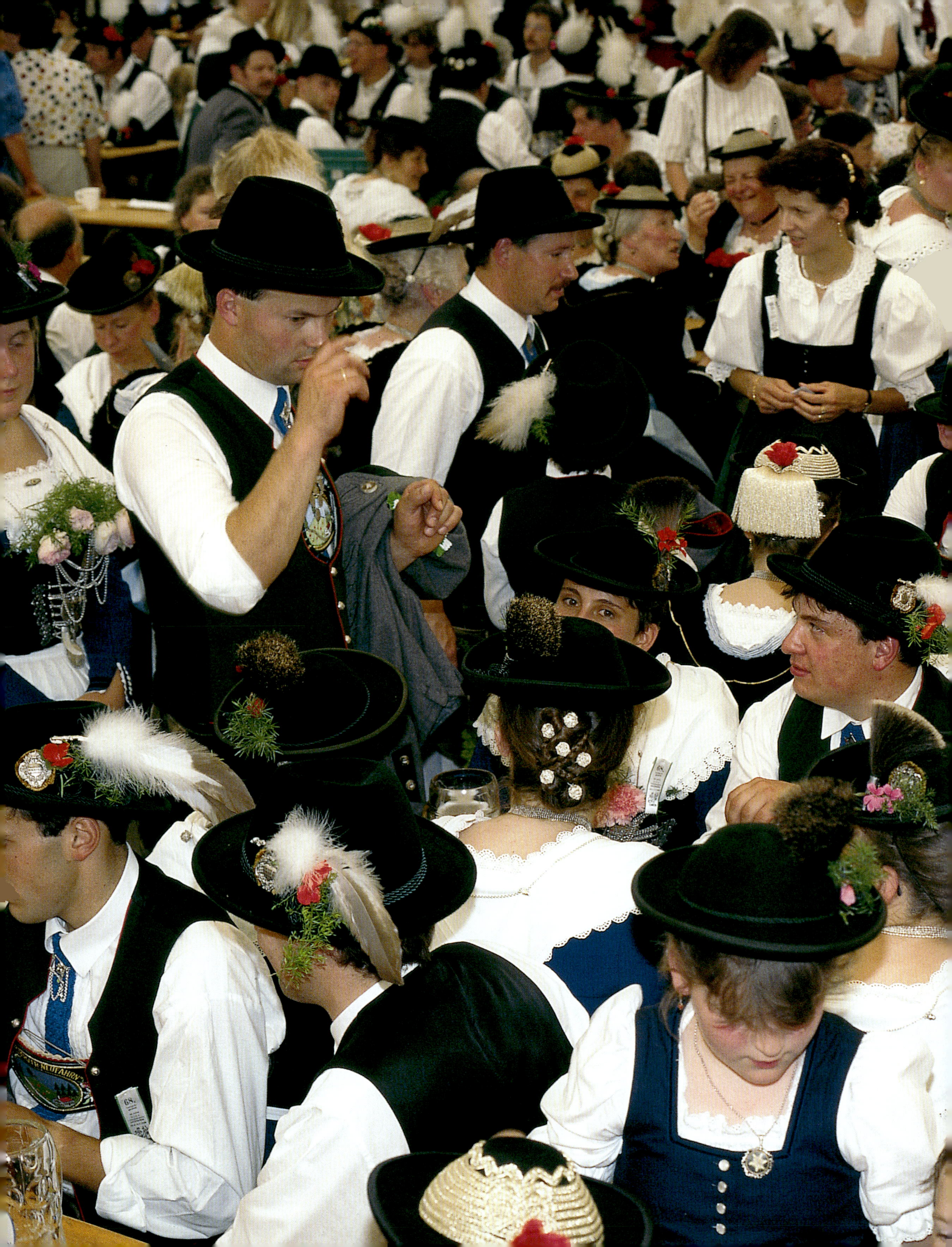

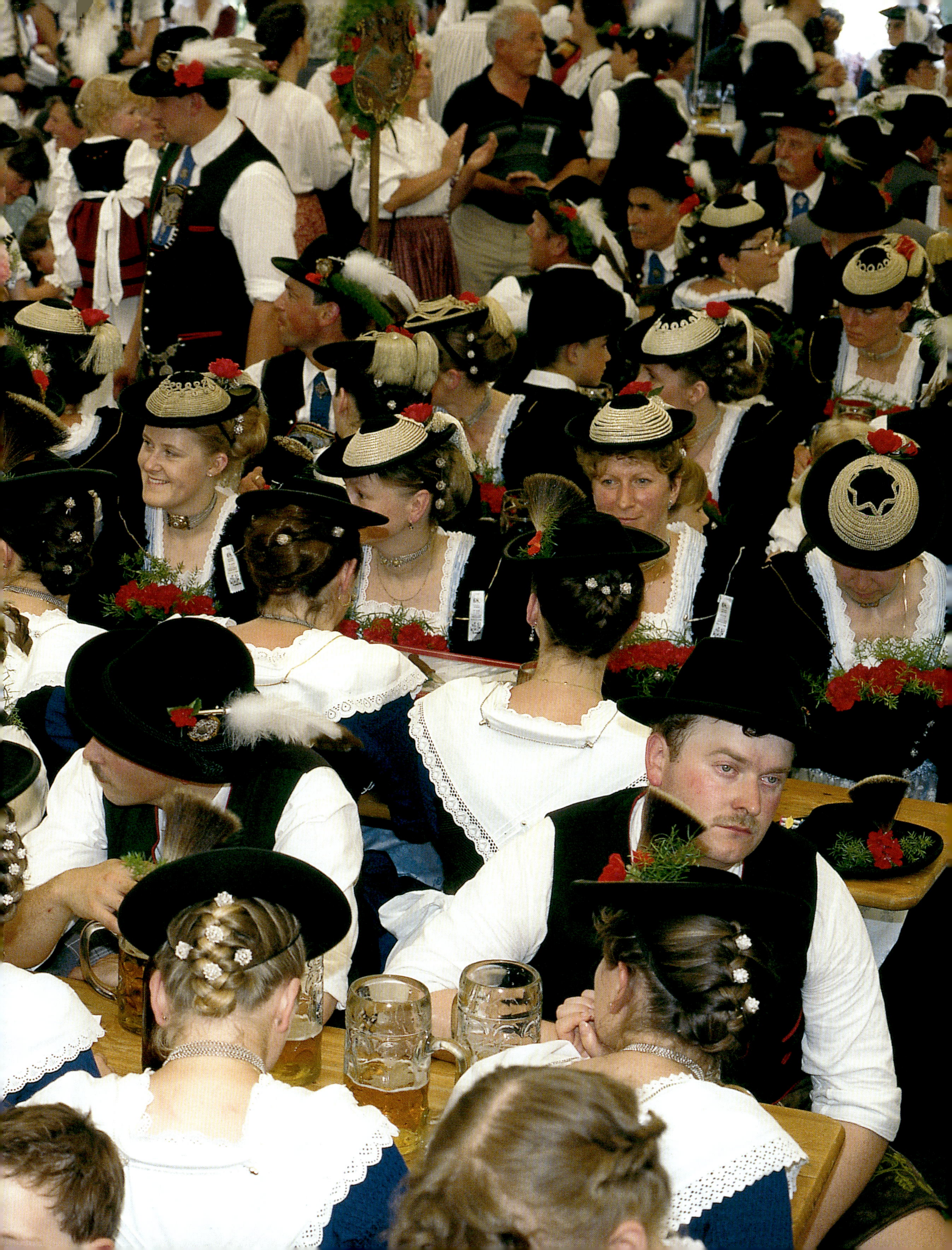

INHALT BAYERN

	BAYERN – DES HERRGOTTS WEISS-BLAUES SCHATZKÄSTLEIN	Seite 16
	VON OBERBAYERN INS ALLGÄU	Seite 30
	**Special** OKTOBERFEST UND BRAUEREIEN EN MASSE – BIERLAND BAYERN	Seite 38
	**Special** DIE STADT DES „BLAUEN REITERS" – MÜNCHEN	Seite 48
	**Special** MÄRCHEN STERBEN NIE – KÖNIG LUDWIG II. VON BAYERN	Seite 80
	VON FRANKEN NACH BAYERISCH SCHWABEN	Seite 92

Seite 8/9:
Auf dem Loisachgau-Fest in Egling-Neufahrn. Allein schon deshalb, um sich vom Wetter unabhängig zu machen, gehört heute zu jeder größeren Festivität eine möglichst große Überdachung. Ihr Name – Bierzelt – ist zugleich auch Omen. Zumindest in Bayern.

Special GELDMACHER MIT SOZIALEM GEWISSEN – DIE FUGGER	Seite 100
Special MAINFRANKEN – WEINFRANKEN	Seite 112
VON NIEDERBAYERN IN DIE OBERPFALZ	Seite 130
Special PROZESSIONEN UND RITTERSPIELE – FEIERN AUF BAYERISCH	Seite 140
Register	Seite 154
Karte	Seite 155
Impressum	Seite 156

Seite 12/13:
Blick auf Burghausen mit Deutschlands größter Burg. Die Stadt an der Salzach, die vom Salzhandel profitierte, wurde 1025 erstmals urkundlich erwähnt. Ab 1255 Residenz der Herzöge von Bayern-Landshut, war sie von 1505 über drei Jahrhunderte hinweg eine der vier Regierungsstädte des Landes.

Seite 14/15:
Das auf dem „Heiligen Berg" am östlichen Ufer des Ammersees gelegene Kloster Andechs geht auf ein 1438 gegründetes Augustinerchorherrenstift zurück, das schon kurze Zeit später von Benediktinern übernommen wurde und heute zu den bekanntesten Wallfahrtsstätten in Deutschland zählt.

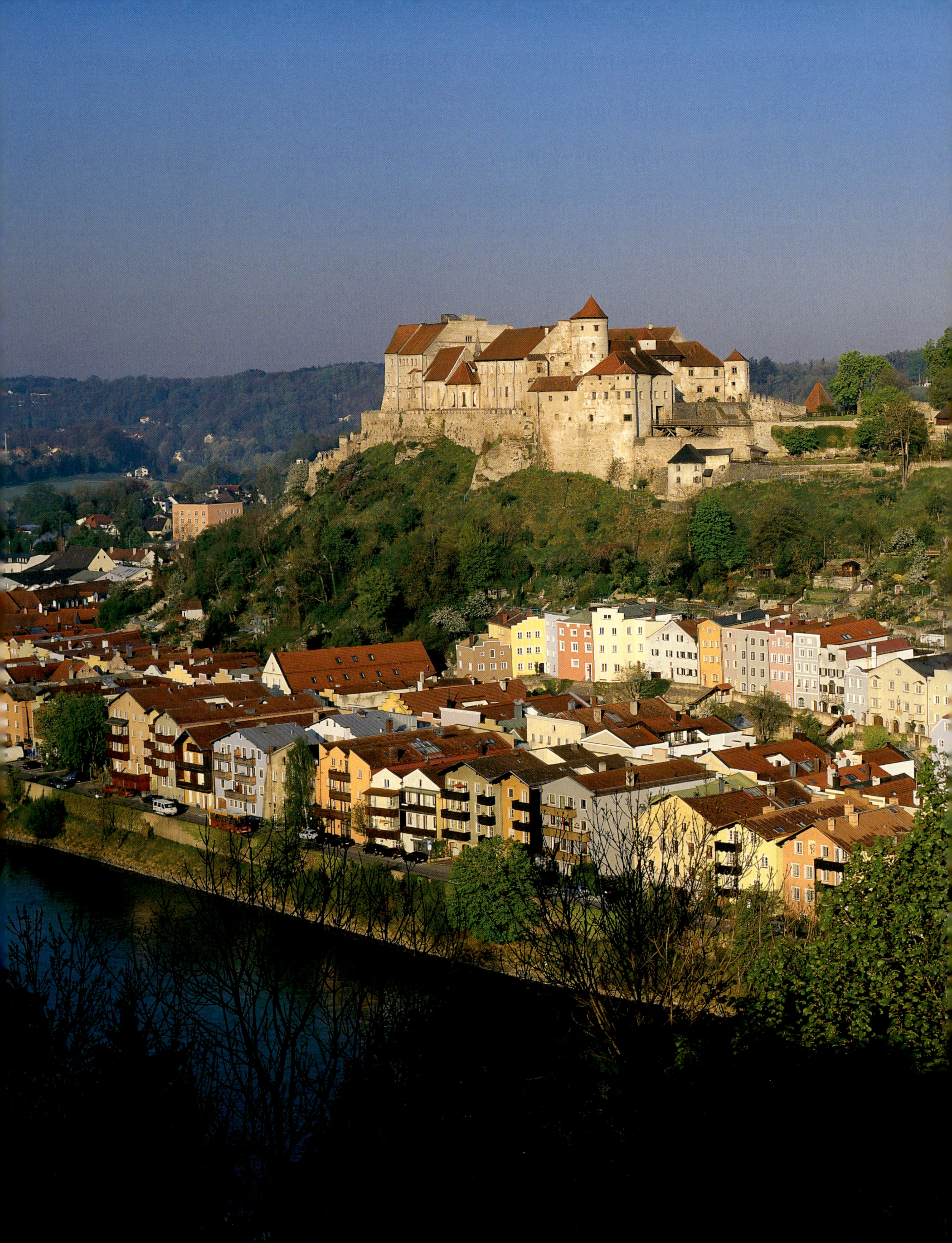

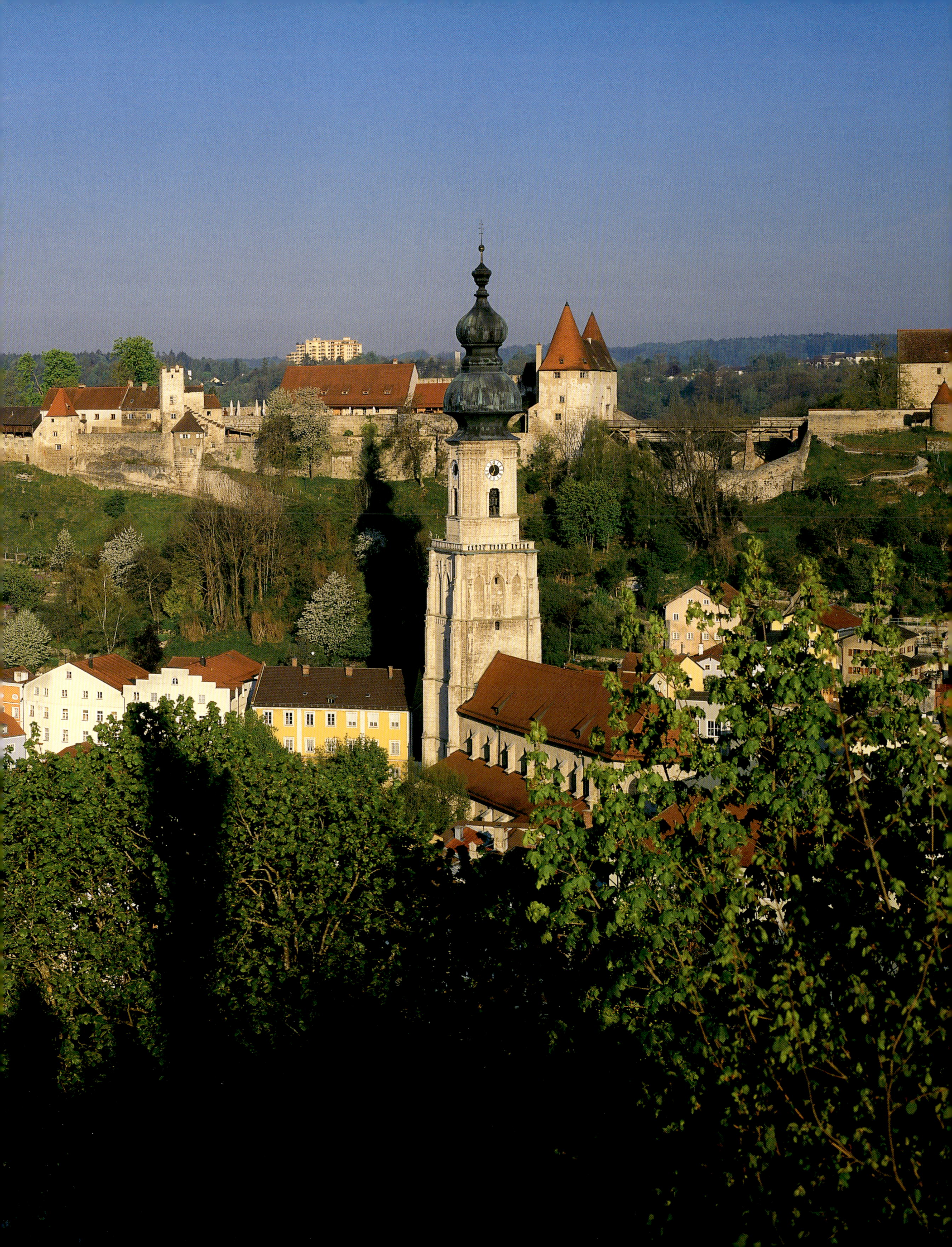

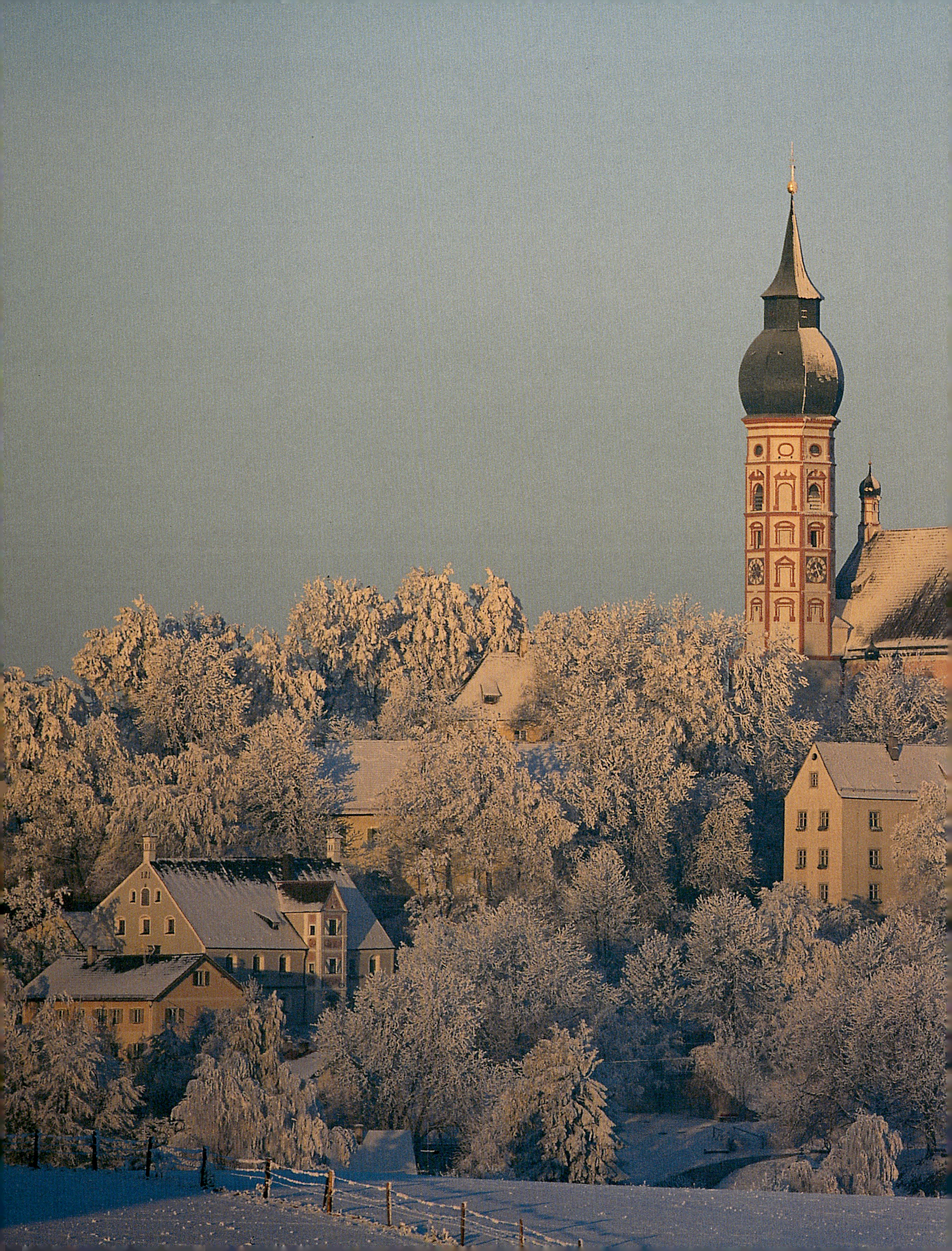

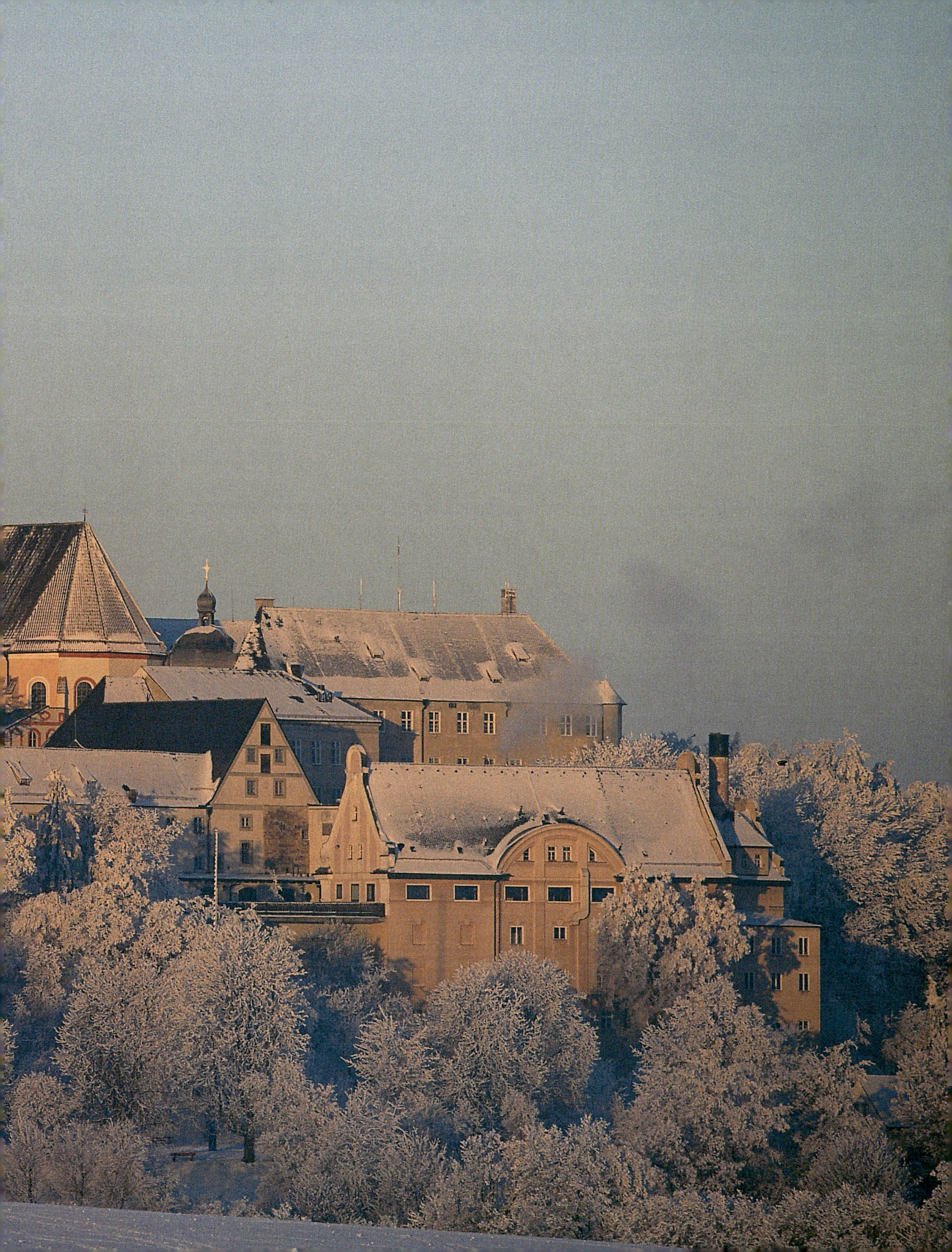

BAYERN – DES HERRGOTTS WEISS-BLAUES SCHATZKÄSTLEIN

Der älteste Bayer ist zugleich einer der berühmtesten. Immerhin war er der erste Flieger. So geschehen vor rund 140 Millionen Jahren. Die Rede ist vom Urvogel Archäopteryx, von dem man sechs Exemplare im Solnhofener Kalkschiefer gefunden hat. Des kleinen Kerls versteinertes Skelett macht zugegebenermaßen nicht viel her, aber immerhin war er der Erste, der den Himmel erobert hat. Von dort ist er freilich auch wieder herunter gefallen und zwar in die „Blaue Lagune", einem vom Urmeer abgetrennten flachen Gewässer, dessen Wasser – dank des hohen Kalkanteils – blau geleuchtet haben muss. Anders hätten wir vielleicht niemals erfahren, dass es den Archäopteryx überhaupt gegeben hat.

Zum Veranstaltungskalender von Hindelang – das sich als Wintersport- sowie als heilklimatischer und Kneipp-Kurort einen Namen gemacht hat – gehört auch das Alphornfest auf dem Oberjoch, dessen Akteure gleichermaßen kräftiger Lungen und Muskeln bedürfen.

Das erste bekannte Volk zwischen Alpen und Donau waren die Kelten. Im 8. Jahrhundert vor unserer Zeit zugezogen, unterlagen sie 15 Jahre vor Christi Geburt den Römern. Deren neue Provinzen wurden Raetien und Noricum genannt, die aus Militärlagern wachsenden Städte Parthanum (Partenkirchen), Castra Regina (Regensburg) und Batavis (Passau). Für den berühmten Geschichtsschreiber Tacitus war Augusta Vindelicum (Augsburg) die „herrlichste Niederlassung in ganz Raetien". Zahlreiche Ausgrabungen geben Zeugnis von dieser Zeit. Der letzte spektakuläre Fund stammt aus dem Jahr 1979, als sich ein Einwohner des mittelfränkischen Weißenburg ein neues Spargelbeet anlegen wollte und dabei auf 156 Gerätschaften aus der Römerzeit stieß – der größte Fund dieser Art, der in Deutschland aus der Erde geholt wurde und heute im „Römermuseum" zu besichtigen ist.

Die neuen Herren jedenfalls gürteten die Nordgrenze ihres Reiches mit dem Limes. Die Kelten wurden eingegliedert. Mit diesen Keltoromanen vermischten sich in der Völkerwanderungszeit germanische Stämme. Das neu entstandene Völkeramalgam machte schon bald unter dem Namen „Bajuwaren" von sich reden. Deren erste Fürsten waren die Agilolfinger. Ihnen folgten die Karolinger, Luitpoldinger, Salier und Welfen nach. Heinrich der Löwe gilt als Gründer Münchens.

Neben St. Kilian stehen auf Würzburgs Alter Mainbrücke noch zehn andere steinerne Heilige sowie der fränkische König Pippin, Vater Karls des Großen, Spalier. Die erste – hölzerne – Brücke stammte aus dem 12., die jetzige aus dem 16. Jahrhundert. Sie wurde nach der Zerstörung im Jahre 1945 wieder aufgebaut.

DYNASTISCHER DAUERBRENNER – DIE WITTELSBACHER

1180 kamen mit Otto I. die Wittelsbacher an die Macht, die sie – allen Wendungen und Fährnissen, manchmal sogar sich selber zum Trotz – über 700 Jahre hinweg verteidigten. Die Namen der Regenten sind, außer mit den obligaten Wechselbädern von politisch-militärischen Triumphen und Desastern, mit bemerkenswerten Friedens-Diensten verknüpft. In der Renaissance waren es die Herzöge Albrecht V. und Wilhelm V., zu barocker Zeit die Kurfürsten Maximilian I. und vor allem Max II. Emanuel, welche die Künste besonders mochten. Das Rokoko wiederum hatte seine Förderer in dem Kurfürsten Karl Albrecht und dessen Nachfolger Max III. Joseph. Von den Königen aus dem Hause Wittelsbach machte sich Ludwig I. zwar mit Lola Montez lächerlich, aber auch um die klassizistische Kunst und Architektur verdient. Als noch größerer Bauherr erwies sich sein Sohn und Nachfolger Maximilian II.

Die „demokratische und soziale Republik Bayern" gibt es seit dem 7. November 1918. 1934 musste der Freistaat Bayern seine Hoheitsrechte an das „Dritte Reich" abtreten und bekam sie erst nach Kriegsende durch die Amerikaner wieder zurück. 1946 bestätigte das Volk die neue, insgesamt dritte Verfassung und drei Jahre später wurde Bayern Bestandteil der Bundesrepublik Deutschland.

VON ALTBAYERN UND „HINZUGEKOMMENEN"

Mit gut 70 000 Quadratkilometern ist Bayern das größte deutsche Bundesland. Es hat rund zwölf Millionen Einwohner. Diese verteilen sich auf „Altbayern", das Ober- und Niederbayern und die Oberpfalz umfasst, sowie auf Franken und den

Regierungsbezirk Schwaben. Die Zugehörigkeit der letzteren beiden Territorien rührt von mehreren spektakulären Landtausch-Aktionen zu Napoleons Zeiten her, welche anfangs von des Korsen Gnaden und, nach dem bayerischen Frontenwechsel während der Befreiungskriege, ohne ihn über die Bühne gingen. Doch in Anbetracht der damaligen Landkarte, die sehr an einen bunten Flickenteppich erinnerte, hatte die Sache auch ihr Gutes.

So bestand Franken aus vier geistlichen Staaten (Würzburg, Bamberg, Eichstätt und dem Besitz des Deutschen Ordens), zwei Markgrafschaften (Ansbach und Bayreuth), einer Reihe Grafschaften (unter anderem Schwarzenberg, Hohenlohe, Henneberg und Wertheim), fünf Reichsstädten (Rothenburg ob der Tauber, Nürnberg, Schweinfurt, Weißenburg und Windsheim), sechs Ritterkantonen und einigen reichsunmittelbaren Dörfern. Vom schwäbischen Stammesgebiet gingen damals ungefähr 160 verschiedene „Herrschaften" – wobei freilich diese Bezeichnung vielfach übertrieben war – an die Wittelsbacher. Darunter, nur 70 Kilometer von München entfernt, das alte Augsburg. Dessen 2000-jährige Geschichte ist ein starkes Gegengewicht wider den Sog der Landeshauptstadt. Kann diese doch weder mit Römern, noch mit solch reichen Dynastien wie den Welsern oder Fuggern aufwarten, die sogar Könige und Kaiser zu ihren Schuldnern und damit von sich abhängig machten.

Ansonsten haben die Schwaben mächtig Glück gehabt, dass sie nicht schon vor 15 Millionen Jahren auf der Welt gewesen sind. Sonst wären sie nämlich allesamt jenem riesigen Meteoriten zum Opfer gefallen, der damals der Landschaft das gigantische Krater-Tatoo des Nördlinger Ries eingebrannt hat. Dann hätte es weder die schwäbische Sparsamkeit und Geschäftstüchtigkeit noch jenen gescheiten Wörishofener Pfarrer Sebastian Kneipp gegeben, der mit Wasser, dem – typisch schwäbisch – kostengünstigen Heilmittel, größte Wirkung erzielt hat. Und wir würden die Bilder eines Hans Holbein, die Musik eines Wolfgang Amadeus Mozart, (dessen Urgroßvater Augsburger war), die Motoren eines Rudolf Diesel, die Bücher eines Bertolt Brecht und die (Fußball-) Tore eines Helmut Haller nicht haben.

EINE BAYERISCHE LEIBSPEIS UND IHRE FRÄNKISCHE KONKURRENZ

In diesem Kapitel geht es um die Wurst. Das heißt, eigentlich um zwei oder gar drei. Erstere ist, wie ihr Name sagt, weiß und gewissermaßen die bayerischste aller bayerischen Wurstspezialitäten. Sie

Oben:
Bildstöcke wie dieser bei Escherndorf unterhalb der Vogelsburg zeugen von der tiefen Frömmigkeit der Unterfranken. Die berühmte Weinlage dieses Ortes heißt „Escherndorfer Lump". Dieser Name hat allerdings nichts mit einem Bösewicht zu tun, sondern kommt von der ehemaligen kleinflächigen Zersplitterung in viele Kleinstflächen (= volkstümlich Lumpen).

Oben links:
Blick auf Bad Berneck. Im Hintergrund der Schlossturm. Der nahe Bayreuth gelegene Ort wird als „Perle des Fichtelgebirges" bezeichnet. Diese Benennung bezieht sich sowohl auf das malerische Stadtbild als auch auf die einstige Flussperlenzucht, die im Wasser der Ölschnitz betrieben wurde.

Links:
Das Städtchen Spalt ist Zentrum des fränkischen Hopfenanbaus, der seit 1341 urkundlich bezeugt ist. Getrocknet und gelagert wurde die Ernte auf den Dachböden der hohen Giebelhäuser, deren schönstes das Mühlreisig-Haus aus der Mitte des 18. Jahrhunderts ist.

In Oberbayern, wo sich Tradition und Brauchtum mehr als anderswo erhalten haben, spielen gerade die kirchlichen Feste eine große Rolle. Eines der prächtigsten ist Fronleichnam. Höhepunkt sind die großen Prozessionen – wie hier in Unterwössen in den Chiemgauer Alpen.

verdankt ihre Geburt am 22. Februar 1857 der Cleverness eines Metzgergesellen namens Sepp Moser beziehungsweise der Ungeduld einiger Wirtshausgäste. Die wollten eigentlich Bratwürste haben. Dem Herrn der Küche waren jedoch gerade die dünnen Därme ausgegangen. Er besaß nur noch dicke. Außerdem verzichtete er, unter Zeitdruck geraten, aufs Braten und servierte die Würste gleich aus dem Brühkessel. Doch anstatt es sich mit den Hungrigen zu verscherzen, erntete der Mann dickes Lob. Dazu den Ruhm, Schöpfer eines kulinarischen Dauerbrenners zu sein.

Obwohl sich im Laufe der Zeit der urbayerische Weißwurstäquator weit ins Fränkische hinein verschoben hat, trifft er nach wie vor auf heftigen Widerstand. Der kommt von der Königin unter den hiesigen Würsten, der Bratwurst. Diese, bereits Mitte des 14. Jahrhunderts – und damit früher als anderswo in deutschen Landen – in einer Nürnberger Chronik erwähnt, zerfleischt sich jedoch in Schwesternkämpfen: Während die Nürnberger nichts über ihre viel gerühmten Winzlinge kommen lassen, halten die Coburger ihre auf glühenden Tannen- oder Kiefernzapfen gerösteten und nicht minder begehrten Bratwürste für das Maß aller Dinge.

Wer nun glaubt, dies sei das Ende der bayerisch-fränkischen Wurstgeschichte, der irrt. Weiß man doch inzwischen, dass die Wiege des Erfinders der weltweit geschätzten „Wienerle" nicht an der blauen Donau, sondern in dem kleinen Ort Gasseldorf nahe Forchheim gestanden hat. Wäre dieser Mann namens Johann Georg Lahner zu Hause geblieben und nicht – 32-jährig – in die österreichische Metropole gezogen, gäbe es mit den „Gasseldorfern" noch einen dritten Bewerber im Kampf um die Wurst.

WELTSTADT MIT HERZ UND SEELE: MÜNCHEN

In keiner anderen deutschen Großstadt gibt es ein so enges Neben- und Miteinander von Tradition und Neuem wie in München. So zeigt man noch immer den Schäfflertanz, obwohl der Anlass, die Überwindung der Pest, längst kein Thema mehr ist. Und die Leute tragen ihre alpenländische Tracht genauso stolz wie die neusten Kreationen der Haute Couture, die in München eine ihrer allerersten Adressen und ziemlich ausgefallene Protagonisten hat.

Ja, München vermag sich zu inszenieren. Es bietet Entdeckungen, Überraschungen und Superlative en masse. Und für alle Interessen. Der in Europa einmaligen Techniksammlung des Deutschen Museums, das zudem noch mit einem Planetarium und dem IMAX-Großleinwandfilmtheater aufwarten kann, stehen die Alte und Neue Pinakothek, die neu hinzugekommene Pinakothek der Moderne, die Glyptothek und viele andere Museen, Galerien und Konzertstätten gegenüber.

In Zahlen liest sich die Lebensqualität dieser Stadt so: Die circa 1 300 000 Einwohner samt rund dreimal so vielen Gästen haben 70 Theater und 80 Kinos, nicht ganz 250 Gotteshäuser, knapp unter 4000 Sportstätten, rund 7000 Geschäfte, weit über 4000 Wirtschaften und 120 000 Biergartenplätze. Nicht zu vergessen das alljährliche Oktoberfest. Und gleich zwei bekannte Fußballvereine – nebst jenem Kaiser, der früher auch den Ball getreten hat und auf den Namen Franz hört.

Wer sich jetzt etwas erschlagen fühlt, der suche die grünen Lungen der Stadt – mit dem Englischen Garten an der Spitze. Eine solche Oase der Natur von fünf Kilometer Länge und einem Kilometer Breite nennt keine andere deutsche Großstadt ihr Eigen. Natürlich darf hier der Biergarten nicht fehlen. Und damit man ihn ja nicht übersieht, gibt es den Chinesischen Turm, der schon von weitem den Weg weist. Blieben noch die Parklandschaften an Münchens Taille, die den Märchenschlössern Schleißheim und Nymphenburg einen bunten Baum-, Wiesen- und Blumenrahmen liefern.

AUF DEUTSCHLANDS DACH

Reisende, die in Bayern unterwegs waren, wunderten sich noch zu Beginn des 19. Jahrhunderts, hier und nicht nur in Österreich hohe Berge vorzufinden. Die Alpen waren lange ein weißer Fleck auf der Landkarte, eine „terra inkognita, in der man Ungeheuer, Geister und andere Nachtwesen zu Hause glaubte. So wie jenen sagenhaften König Watzmann, der sich auf seinen wilden Jagdzügen scheinbar durch nichts aufhalten ließ – bis der Herrgott selber einschritt und den Unhold zu Stein verwandelte.

Von diesem Gottesgericht profitierten nicht nur des Königs Zeitgenossen, sondern noch die Nachwelt. Die Watzmanngruppe ist zweifellos das markanteste Bergmassiv auf deutscher Seite. Kann es doch der steingewordene König nicht lassen, den Kopf besonders hoch zu tragen. Nur die Zugspitze ist hierzulande dem Himmel noch näher als der Watzmann. Vielleicht kommt daher sein Hochmut, seiner Umgebung die – riesige – kalte Schulter zu zeigen: Höher und gefährlicher als die Ostflanke des Berges, die gleich 2000 Meter nahezu senkrecht in die Tiefe fällt, ist keine andere Bergwand in diesem Teil der Alpen.

Links:
Totenbretter auf dem Weiherhof bei Teisendorf im Rupertiwinkel. Auf ihnen ruhten die Toten bis zu ihrer Beisetzung. Danach wurden diese mit Malereien oder Schnitzwerk verzierten Bahren unter Bäumen oder an einer Kapelle aufgestellt.

Oben:
Beim Almabtrieb. Zu diesem wichtigen Ereignis im bäuerlichen Jahr putzen sich nicht nur die Menschen heraus, sondern man schmückt auch die Tiere.

Rechts:
Alljährlich im September zu den Reichsstadt-Festtagen droht das ohnehin viel besuchte Rothenburg ob der Tauber aus allen Nähten zu platzen. Zu dem mehrtägigen Spektakel in Deutschlands romantischer Vorzeigestadt gehört auch ein historisches Heerlager.

Oben rechts:
Glaubt man einheimischen Patrioten, so ist die Bratwurst eine Fränkin. Doch die Konkurrenz im eigenen Land ist groß. Beanspruchen doch neben den Nürnbergern auch die Coburger den Ruhm für sich, die besten Würste zu haben.

Oben:
In Bayern, wo sich fast alles um jenes aus Wasser, Gerstenmalz und Hopfen gebraute Getränk dreht, sind die Biergärten so etwas wie eine nationale Institution. Das hiesige Reinheitsgebot hat übrigens im Jahre 2016 sein fünfhundertjähriges Jubiläum.

Im Gegensatz zum abweisenden Watzmann hält es die im Werdenfelser Land, dem Herzstück der bayerischen Alpen, gelegene Zugspitze umso mehr mit den Menschen. Gleich vier Bergbahnen – eine davon auf österreichischer Seite – bringen Jahr für Jahr mehr als eine halbe Million Besucher auf Deutschlands höchsten Berg. Dort, auf fast 3000 Metern Höhe, liegt einem die Welt zu Füßen und man ist, zumindest mit dem Auge, Herr über vier Länder und rund 400 Gipfel. Die beste Gelegenheit, Deutschland aufs Dach zu steigen, bietet die Deutsche Alpenstraße. Sie verbindet die Allgäuer Hochalpen im Westen mit den Chiemgauer Alpen im Osten.

ALTE UND NEUE SEEN

Die Moränenlandschaft nördlich der Alpen ist Kind der eiszeitlichen Gletscher. Zwischen Wäldern und Grünflächen sind zahlreiche Seen eingesprenkelt. Während Starnberger, Ammer-, Staffel- oder Chiemsee noch im Hügelland gelegen sind, regieren über Schlier-, Tegern- und Königssee schon die Alpen.

Größte Gewässer des Fünf-Seen-Landes sind Ammer- und Starnberger See. Besonders letzterer dient den Münchnern schon seit langem als Bade- und Fun-Platz Nr. 1. Doch bevor sich hier das gemeine Volk verlustieren durfte, war der bayerische Hof zugange. Die erste Flottille, im 16. Jahrhundert, gehörte Herzog Albrecht V., die größte Kurfürst Ferdinand Maria und seiner Gemahlin Adelheid von Savoyen. Im Bestreben, zumindest die Illusion des so schwärmerisch verehrten Südens im eigenen Land erstehen zu lassen, machten sie den Starnberger See zur barocken Wasser-Bühne. Hauptattraktion dieser Inszenierungen war ein den Prunkgaleeren venezianischer Dogen nachgebautes Schiff, das von 150 Ruderknechten bewegt und von einer ganzen Reihe von Gondeln und Booten begleitet wurde. So waren bei den großen Festen mitunter 2000 Menschen auf dem Wasser. Doch unsere Zeit hat selbst diese Superlative längst in den Schatten gestellt. Das kurfürstliche Paar würde sich wundern über den heutigen Trubel an und auf den oberbayerischen Seen.

Dabei ist der Chiemsee bei bayerischen Freizeitkapitänen besonders beliebt. Sie nennen ihn – mangels echter maritimer Gegebenheiten und mit der ihnen eigenen Bescheidenheit – „Meer". Tatsächlich bedeckt das Wasser ganze 80 Quadratkilometer und allenfalls die Stürme, die es mitunter peitschen, rechtfertigen diesen Vergleich. Im Gegensatz zum Chiemsee darf der kleine Königssee nur mit geräuscharmen Elektrobooten befahren werden.

Das Gegenstück zur Oberbayerischen Seenplatte gibt es erst seit den achtziger Jahren, als damit begonnen wurde, die Wasser der Donau und der Altmühl zum Roth-, Altmühl-, Igelsbach- sowie Kleinen und Großen Brombachsee anzustauen. Das „Neue Fränkische Seenland" im Norden Bayerns verdankt seine Existenz dem Bau des Rhein-Main-Donau-Kanals. Während Sinn und Nutzen dieser Wasser-Autobahn bezweifelt werden müssen, erntet dessen „Abfallprodukt", das neue Seenland, (fast) nur Zustimmung.

VON GOTTESLOB UND ERDENLUST

Unter den Agilolfingern – der erste nachweisbare Herzog war Garibald (ca. 550–590) – faßte das Christentum in Bayern Fuß. Emmeram und Rupert, Korbinian, Willibald und Kilian hießen jene Männer, die im 7. Jahrhundert den Glauben brachten. Die größten Verdienste erwarb sich Bonifatius, der 738/39 die Bistümer Regensburg, Passau, Salzburg und Freising begründete. Um diese Zeit entstanden auch die ersten Klöster. Da die Mönche den Dienst an Gott nicht nur im Gebet, sondern ebenso in der Architektur, Malerei, Musik und Literatur sahen, wurden viele Klöster zu Kunst- und Kulturzentren.

Besondere Verdienste auf gleich mehreren Gebieten erwarben sich die Benediktiner von Wessobrunn. Mit dem „Wessobrunner Gebet" von 814 nimmt die deutsche Dichtung ihren Anfang. Den mittelalterlichen Literaten und Buchkünstlern folgten im 18. Jahrhundert die Wissenschaftler und Stuckateure. Die „Wessobrunner Schule" steht für die geniale Verbindung von Architektur und plastischer Dekoration. Vor allem die Gebrüder Zimmermann setzten unübertroffene Glanzlichter. Das schönste ist die „Wallfahrtskirche in der Wies", die von der UNESCO zum Weltkulturerbe erklärt wurde.

Im Kloster Tegernsee schrieb Mitte des 11. Jahrhunderts ein Mönch den ersten frei erfundenen Roman. Titelgestalt des in lateinischer Sprache verfassten, aber bereits mit vielen deutschen Wörtern durchsetzten Versepos ist der Ritter „Ruodlieb". Rund 100 Jahre darauf schuf dann ein anderer Tegernseer Mönch namens Werinher eines der schönsten Liebesgedichte aller Zeiten: Du bist min, ich bin din:/des solt du gewis sin ...

1803 entdeckte man im Kloster Benediktbeuern eine Handschrift mit mittelalterlicher Vagantendichtung – den Natur-, Trink-, Spott- und Liebesliedern der fahrenden Spielleute und Scholaren. Von Carl Orff 1937 vertont, sind die „Carmina Burana" heute eines der meistgespielten Stücke klassischer Musik.

Zu den besonderen Höhepunkten einer Kunstreise durch Bayern gehört die Begegnung mit den barocken Fresken- und Stuckwundern der Gebrüder Asam. Neben München, Freising, Fürstenfeld, Tegernsee und Ingolstadt konzentrierte sich ihr Schaffen auf den Osten des Landes. Sakrale Stätten ihres Wirkens in der Oberpfalz sind Regensburg, Amberg, Ensdorf und Michelfeld; in Niederbayern: Osterhofen, Rohr, Kelheim, Aldersbach und Straubing.

Berühmtestes Beispiel einer urbayerischen Speise ist die Weißwurst. Ihre Geburtsstunde schlug am 22. Februar 1857, als dem Metzgergesellen Sepp Moser sowohl die Bratwürste als auch die dünnen Därme ausgingen und er in seiner Not die Würste gleich aus dem Brühkessel servierte.

Wasserburg wird vom Inn umarmt. Dem Fluss beziehungsweise dem Salzhandel, der ihn als Handelsweg nutzte, verdankte der im 14. Jahrhundert von Kaiser Ludwig dem Bayern zur Stadt erhobene Ort seinen Reichtum und sein – südländisch anmutendes – Gepräge.

ES LEBE DER KÄSE

Einem Eidgenossen, den es 1827 in das Allgäu verschlagen hatte, ist jene Rezeptur zu verdanken, mit der man simple Milch in köstlichen Käse verwandeln kann. Nachdem die Einheimischen auf den Geschmack gekommen waren, machten sie auch das braune Schweizer Rindvieh bei sich heimisch. Damit waren alle Voraussetzungen für den unaufhaltsamen Aufstieg des Käselandes Allgäu erfüllt.

Inzwischen weiß man hier von über 400 Sorten und doppelt so vielen Geschmacksrichtungen. Mehr Käse wird nirgendwo sonst in Deutschland hergestellt. Doch die Verbraucher mögen den guten alten Emmentaler nach wie vor am liebsten. Für ein Kilogramm des Hochbegehrten bedarf es rund 14 Liter Milch. Das entspricht der Tagesleistung einer Kuh – sofern sie die rechte Weide wie eben im Allgäu vorfindet. Dies wiederum ist Sache der Senner und Sennerinnen, deren schwerer Beruf bis heute von Legenden verklärt wird. Selbst wenn viele das karge Innere einer Almhütte schon gesehen und den Sennern bei ihrer Arbeit zugeschaut haben, hält sich nach wie vor noch das Klischee von angeblich grenzenloser Freiheit und mindestens ebenso großer Freizügigkeit. Doch wahrscheinlich ist es unsere immer kühlere Welt, welche die Sehnsucht nach solch romantischen Refugien nährt und sie in unserer Phantasie weiter leben lässt. Doch inzwischen hat sich vieles verändert. Milchverarbeitung und Käsebereitung sind, wo es ging, industrialisiert worden. Und auf den Almen hilft das Handy, die Einsamkeit erträglicher zu machen.

IM „GROSSEN WALD" ODER VON DER KUNST, EINEN BAUM ZU FÄLLEN

Im Bayerischen Wald, zusammen mit dem angrenzenden Oberpfälzer Wald Zentraleuropas ältestes und größtes Waldgebirge, drehte sich über Jahrhunderte hinweg fast alles um das Holz. Die Menschen lebten mit und von ihm. Es diente als Baumaterial für die Häuser und brachte erst das Erz und später dann das berühmte Glas zum Kochen. Und es blieb den Menschen über den Tod hinaus noch von Nutzen. Lud sie ein, bis zu ihrer Beisetzung auf ihm zu ruhen und sich so in aller Ruhe wie von einem Freund zu verabschieden. Nach dem Begräbnis wurden diese geschnitzten und bemalten Totenbretter an einer Kapelle aufgestellt, an die Wände der Häuser oder an Bäume genagelt. So waren sie wieder mit ihrer Herkunft verbunden. Und mit ihnen der Mensch, der auf seinem Weg über jene Schwelle, die wir Tod heißen, ihren Halt erfahren durfte. Kein Wunder, dass man hier auf den rechten Umgang mit dem Holz noch großen Wert legt. So soll es ein Waldweiblein selbst gewesen sein, das den Leuten den eindringlichen Rat gegeben hat:

Reiß aus keinen jungen Baum,
erzähl keinen frischen Traum ...

Viele Leute halten sich bis heute daran, dass man einen Baum nur im Winter schlagen und – wo es möglich ist – dafür sorgen soll, dass er mit dem Wipfel talwärts fällt. Außerdem darf er nicht gleich seiner Spitze und Äste beraubt werden, sondern muss noch einige Zeit liegen bleiben. So sammelt sich, den Gesetzen der Schwerkraft folgend, das Wasser, das noch im Baum ist, eben in den Zweigen und im Wipfel. Und je weniger Feuchtigkeit im Holz ist, desto weniger schwindet und reißt, und umso länger hält es.

Ansonsten hat sich hier vieles verändert. Und während man früher die Bewohner des „Waldes" bedauerte, kommen heute die Besucher gerade wegen des Bodenständigen und der relativen Unversehrtheit der Natur. Eine wichtige Rolle spielt dabei der rund 25 000 Hektar große Nationalpark Bayerischer Wald, in dem Bär und Wolf, Luchs und Wisent wieder heimisch geworden sind und mit den Menschen alte Nachbarschaften proben.

AUF DEUTSCHLANDS BERÜHMTESTEM CHRISTKINDLESMARKT

Nürnbergs Weihnachtsmarkt ist zwar nicht der älteste, dafür aber der bekannteste. Alljährlich im Dezember drängen sich schon vormittags die Menschen auf dem Hauptmarkt. „Da ist der ganze Platz mit Holzbuden bedeckt, in denen aller Art Waren zum Verkauf ausgestellt sind", heißt es in einem Artikel aus dem Jahre 1697 und daran hat sich bis heute nichts geändert. Originelle Nürnberger Mitbringsel sind die putzigen Zwetschgenmännla, die mit ihren Runzelleibern allen Anti-Age-Präparaten zu spotten scheinen, sowie deren Gegenstück, die Rauschgoldengel mit ihrem gestylten Outfit. Letztere sollen auf einen hiesigen Handwerker zurückgehen, der – nachdem er im Traum sein verstorbenes Töchterlein als prächtig geschmückten Engel erblickt hatte – sein Schnitzmesser nahm,

um den Kopf nachzubilden. Für das Kleid und die Haube verwendete er dünn gewalztes Messingblech, das Rauschgold. Und da sein Engel allgemein gefiel, kam der brave Mann schon bald nicht mehr nach, die große Nachfrage zu stillen.

Auch für den Gaumen gibt es eine echt Nürnberger Spezialität. Die berühmten Lebkuchen werden zwar das ganze Jahr über verzehrt, munden jedoch am besten zu Weihnachten. Und obwohl es längst Konkurrenz gibt, halten Kenner die Nürnberger bis heute für unübertroffen. „Wegen des Wassers und der Luft allda" brächten die einheimischen Lebküchner so Gutes zustande, steckten die schlauen Nürnberger einem Schreiber, der solcherlei Mär 1673 prompt verbreitet hat.

Links:
Zu bestimmter geheimnisvoller Stunde kokettieren die Schlösser Neuschwanstein und Hohenschwangau mit dem Alpsee und verdoppeln sich in seinem Wasser.

Unten:
Die Alte Saline in Bad Reichenhall spiegelt die lange Tradition der Sole- und Salzgewinnung wider. Architektonischer Blickfang ist das im Stil des Historismus errichtete Hauptbrunnenhaus.

Seite 26/27:
Nürnberger Dächerlandschaft. Im Hintergrund die Mitte des 13. Jahrhunderts geweihte Sebalduskirche sowie die Burg. Die mehrfach aus- und umgebaute Festungsanlage ist dreigeteilt und umfasst einen kaiserlichen, einen burggräflichen und einen reichsstädtischen Bereich.

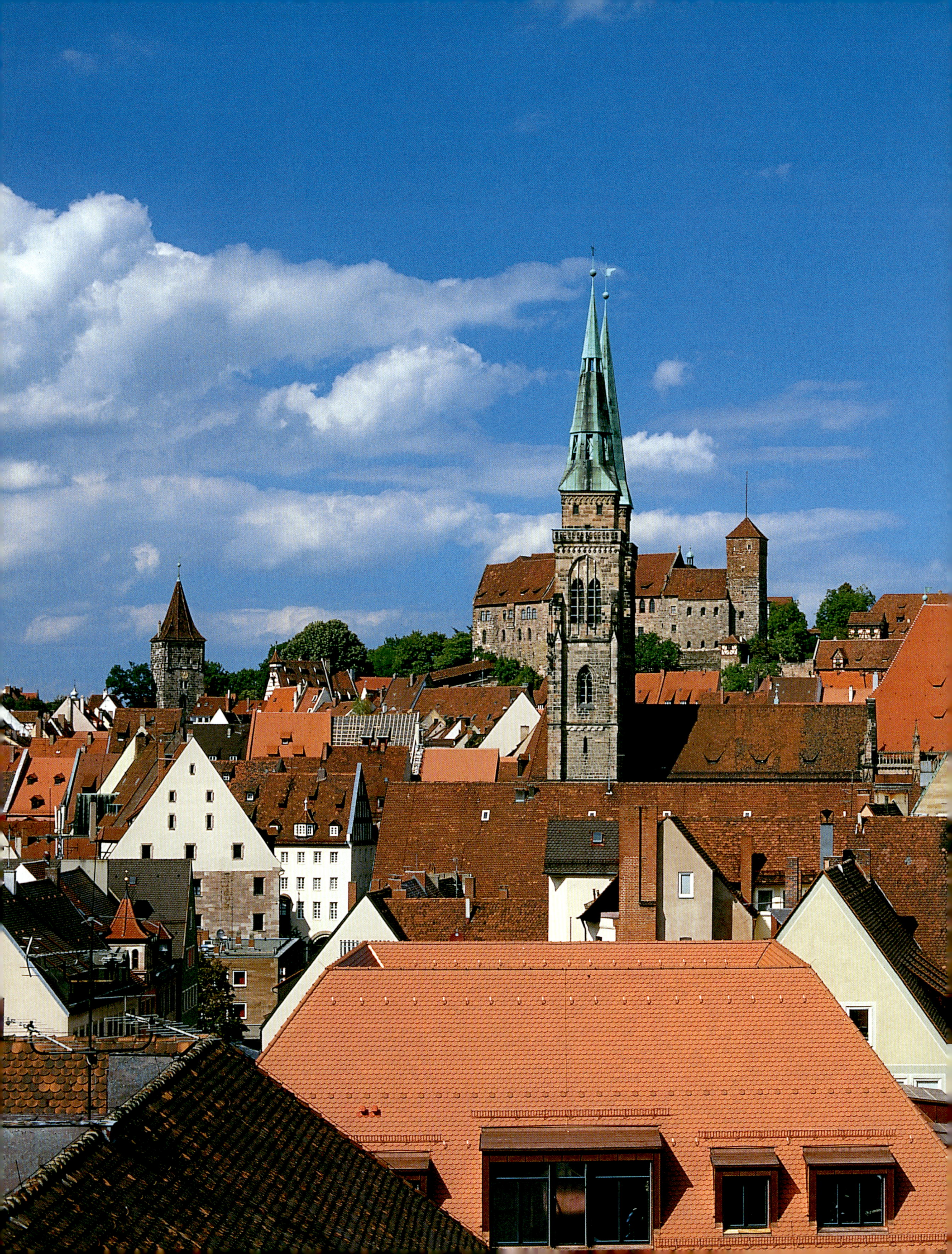

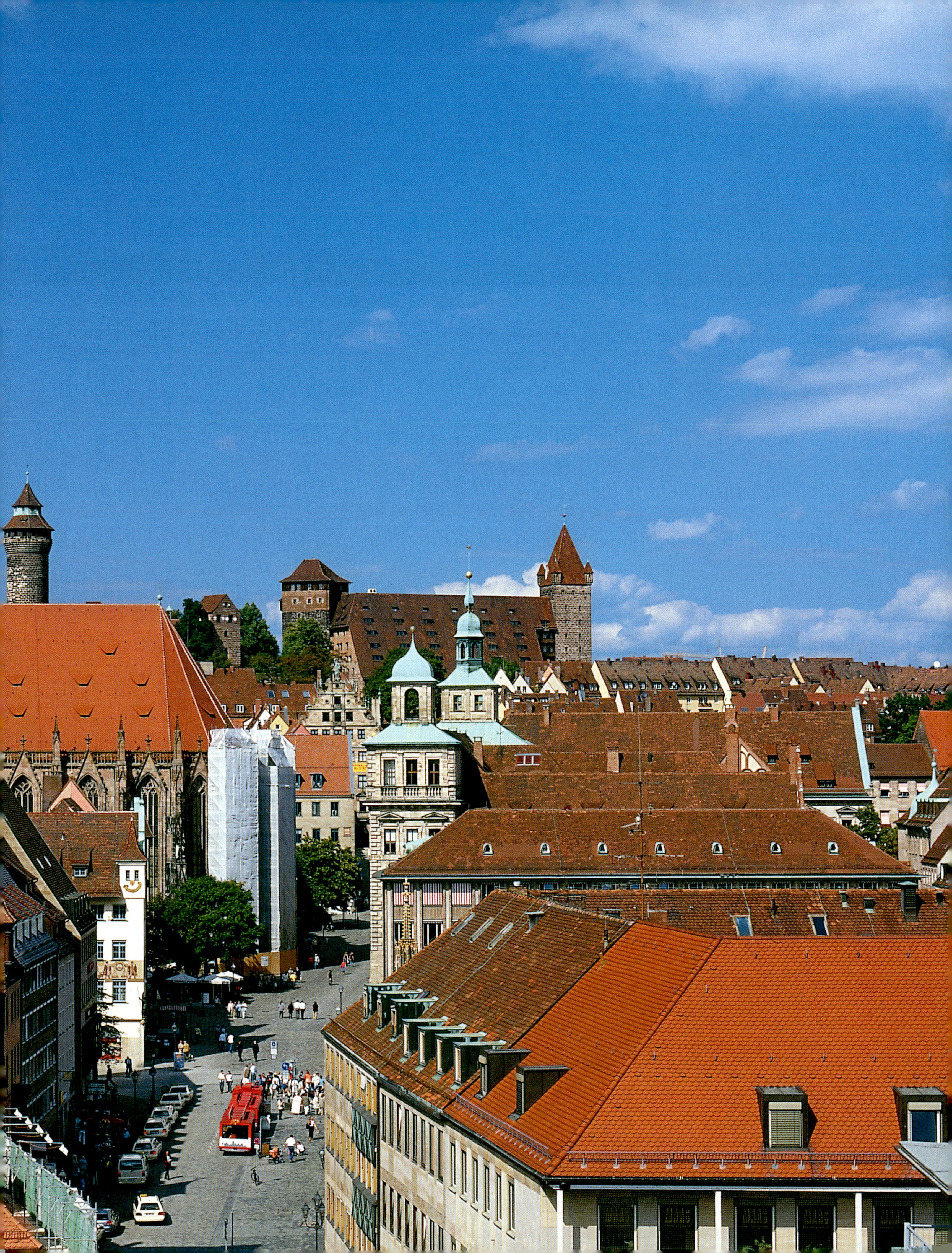

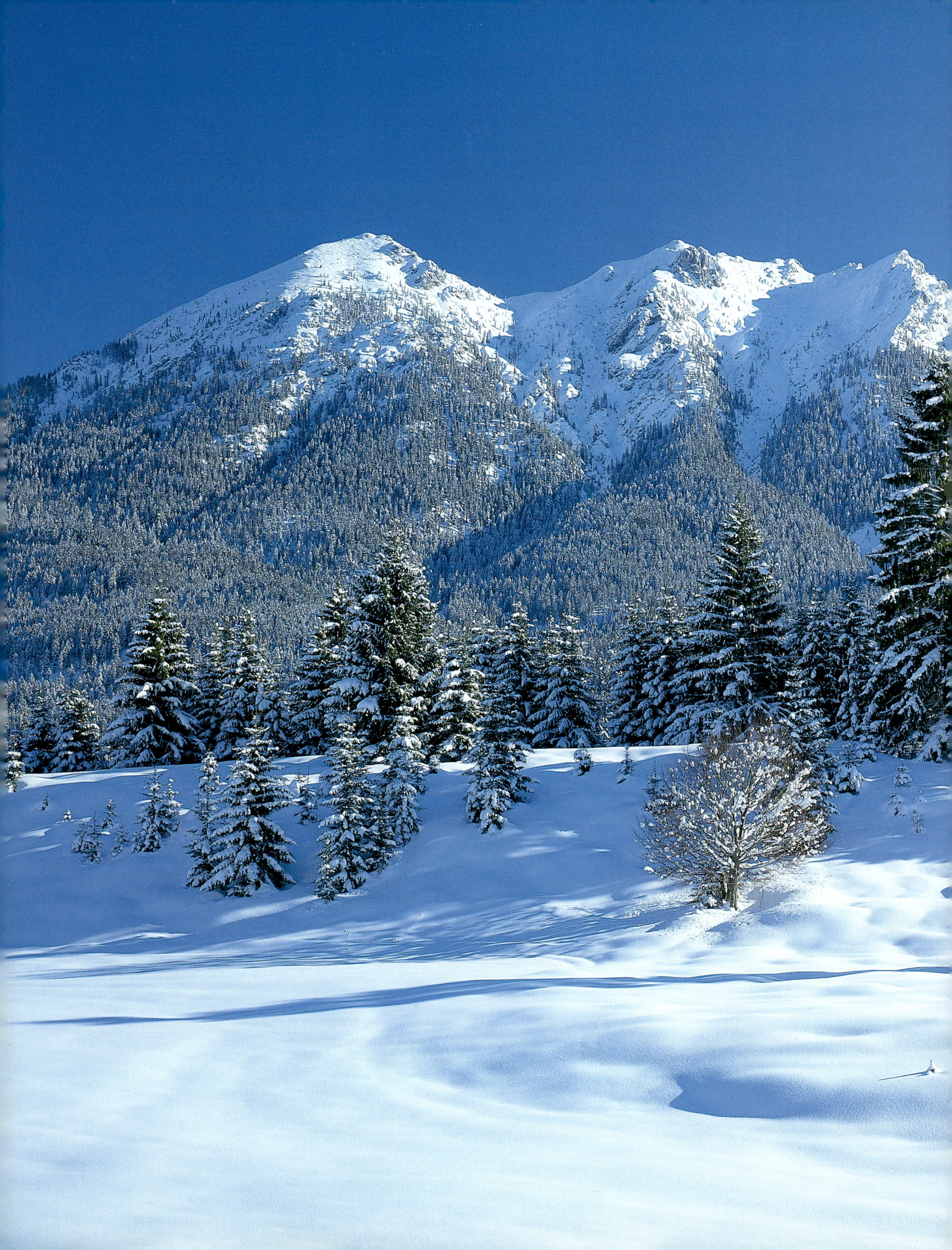

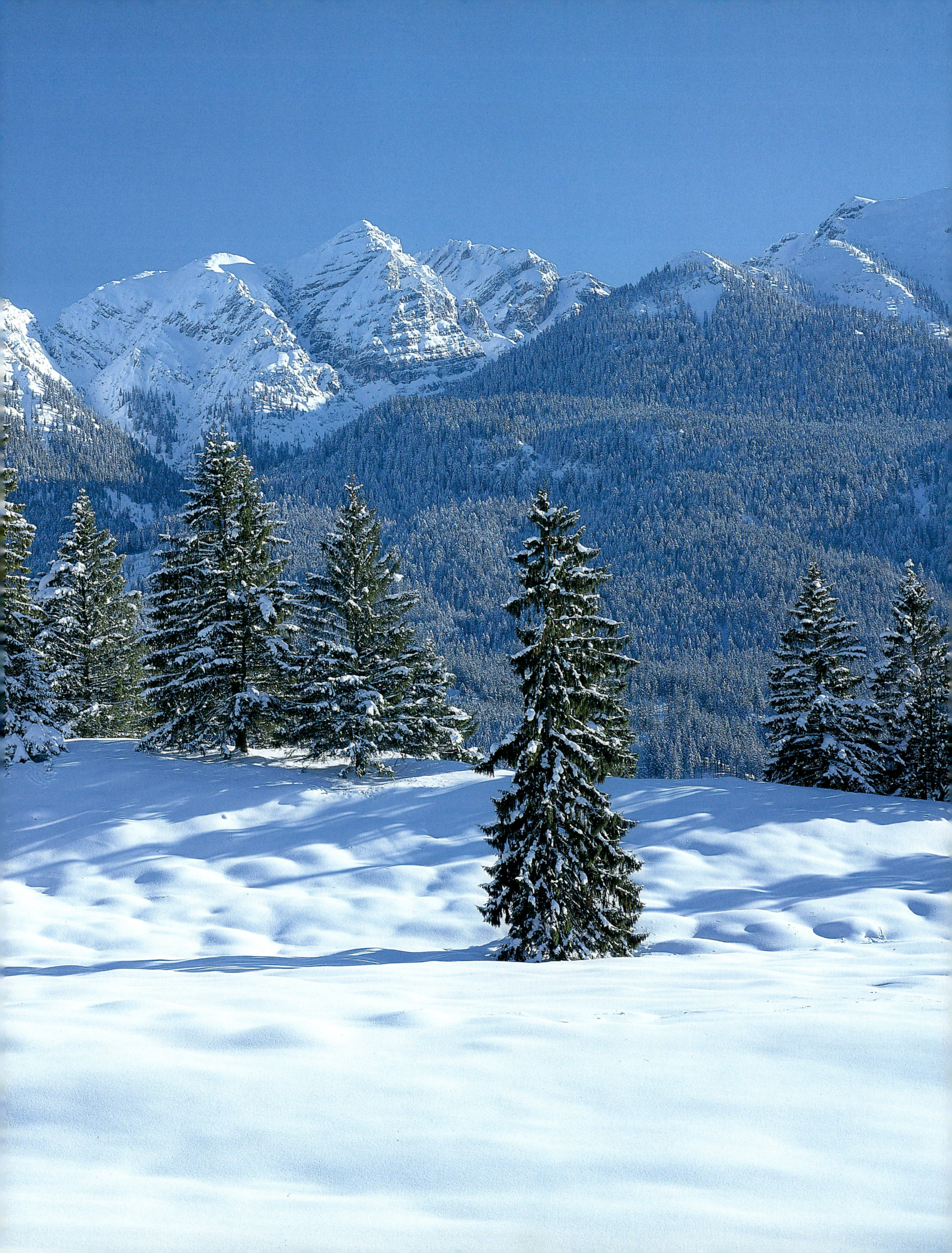

VON OBERBAYERN INS ALLGÄU

Obwohl es nur ein Viertel des Landes umfasst, bedeutet Oberbayern für viele das Nonplusultra. Der große Vorzug dieser nahezu idealen Urlaubsregion, die im Süden von den Alpen, im Norden von der Altmühl, im Westen vom Lech und im Osten von der Salzach begrenzt wird, ist jenes unverwechselbare Amalgam von urwüchsiger Bodenständigkeit und herzlicher Gastfreundschaft – und den großartigen Inszenierungen der Natur, deren Kulissen ständig wechseln. Die Besucher spüren, dass hier ein Stück mit vielen Originalen und ausgeprägten Charakteren gegeben wird. Dessen erster Akt beginnt im Norden mit der Fränkischen Alb. Trotz des Eingriffes des Menschen, der mächtige Straßen- und Wasser-

Seite 28/29:
Blick von der nahe Mittenwald gelegenen Ortschaft Wallgau auf die Soierngruppe. Das Karwendelgebirge, das sich Österreich und Bayern teilen, ist relativ dünn besiedelt, wenig erschlossen und steht zu einem großen Teil unter Naturschutz.

Das Berchtesgadener Land ist sowohl im Sommer als auch im Winter ein beliebtes und viel besuchtes Urlaubsziel. Rechts im Bild ist der 1874 Meter hohe Jenner zu sehen, links der Watzmann. Letztere Berggruppe mit dem zentralen Kamm, dem „Watzmannweible", sowie den fünf „Watzmannkindern" ist zweifellos die markanteste in den deutschen Alpen.

schneisen geschlagen hat, ist das Altmühltal mit seinen weiß leuchtenden Kalkwänden, den dunklen Wacholderhängen und der ritterlichen Burgenstaffage noch immer ein Ort romantischer Sehnsüchte. Die alte Bischofsstadt Eichstätt, überragt von der mächtigen Willibaldsburg, spielte bei der Christianisierung des Landes eine wichtige Rolle. 741 errichtete hier der später heilig gesprochene Willibald ein Kloster. Ein weiteres, in Heidenheim, geht auf seine Schwester Walburga zurück. Dem Volksglauben zufolge steht deren Name aber noch in einem ganz anderen Zusammenhang. Werden doch jeweils in der ersten Mainacht, der Walpurgisnacht, die Hexen und der Teufel losgelassen. Letzteren hatte Johann Mayer von Eck in der Gestalt Martin Luthers ausgemacht. Der Professor der Theologie an der Ingolstädter Universität gehörte zu den einflussreichsten und kompromisslosesten Gegenspielern des Reformators. Die Stätte seines Wirkens, die „Hohe Schule", war übrigens die erste Hochschule in ganz Bayern.

Nach Ingolstadt verbeugt sich der Jura tief vor der Donau. Früchte, sprich den Hopfen, erntet aber nicht er, sondern die Hallertau. Dort gibt es gute Lösserde, die einst vom Wind hierher verfrachtet wurde und seit langem dafür sorgt, dass das bayerische Bier nur die allerbesten Zutaten enthält.

Rechts:
Zu Ehren des heiligen Leonhard, des Schutzheiligen der Pferde und des Viehs, pflegen die Einwohner von Greimharting im Chiemgau einen ganz besonderen Brauch. Sie schießen am 6. November, seinem Patronatstag, mit einer Böllerkanone.

WELTSTADT MIT ALPENBLICK

Anschließend betritt der Schotter, das Mitbringsel der eiszeitlichen Gletscher, die Landschaftsbühne. Sein Auftritt, ein Moor-Zwischenspiel bei Dachau und Erding mit einschließend, erweckt den Einruck, als ginge es ihm darum, das Geschehen zu retardieren. Gott sei Dank kann München erfolgreich dagegenhalten. Nirgendwo anders in einer deutschen Großstadt ist das Heute – Industrie, Banken, Wissenschaft – dermaßen eng mit den gewachsenen Traditionen verbunden wie hier. So wundern sich selbst langjährige Stadt-Liebhaber, dass ihre Angebetete von Jahr zu Jahr noch an Attraktivität hinzugewinnt. Grund hierfür könnte die „gute Landluft" sein, wie der Schriftsteller Ludwig Thoma einst vermutete. Im Ernst: Die große Welt-Stadt zehrt bis heute von der kleinen und manchmal auch engen, nichtsdesto trotz vitalen oberbayerischen Welt. Den rund 1,3 Millionen Menschen, die hier nahezu alle Qualitäten genießen, die man vom Leben erwartet, kann dies nur recht sein. Werden doch bei so viel Vorzügen sogar die stolzen Berge neugierig und rücken – wenn der Föhn mitspielt – ganz nahe heran.

IM ALLGÄU

Apropos Berge: Das Allgäu hat gleich 50 zu bieten, die sich über die Zweitausendmetergrenze hinaus strecken. Höchster Gipfel der Allgäuer

Hochalpen ist der über 2590 Meter hohe Hochvogel. Dieser und die anderen Hauptgipfel sind durch ein ausgedehntes Netz von Höhenwegen miteinander verbunden, das rund 60 Kilometer umfasst und damit im Alpenraum seinesgleichen sucht. So kommen in dieser Region Bergwanderer besonders auf ihre Kosten. Hinzu kommen die Wintersportler, denen Pisten, Loipen, Eisbahnen und Schanzen inmitten einer grandiosen Umgebung zur Verfügung stehen. Besonders bekannt wurde Oberstdorf durch die Vierschanzentournee, sowie die nordischen Skiweltmeisterschaften 2003.

Drunten, zwischen den saftig-grünen Hügeln des Unterallgäus, kokettieren malerische Städte wie Memmingen, Kaufbeuren und Mindelheim mit ihrem Alter, liegt – mit Ottobeuren – ein mehr als 1250 Jahre altes berühmtes Kloster, sorgen – nicht nur in Bad Wörishofen – Wasser, Höhenluft, Pflanzen und sogar Bier (Nesselwang) für Wellness pur.

Größter touristischer Anziehungspunkt des Ostallgäus sind – neben malerischen Städten wie Pfronten und Füssen – die Königsschlösser Hohenschwangau und Neuschwanstein. Letzteres Bauwerk sowie die oberbayerischen Schlösser Herrenchiemsee und Linderhof gehören zur märchenhaften Hinterlassenschaft Ludwigs II., die alljährlich von Millionen Besuchern aus aller Herren Länder bestaunt wird.

Links:
Zu besonderen Anlässen – wie hier bei einer Wallfahrt in Maria Eck – zeigt man sich im Alpenländischen noch gerne in Tracht. Diese stammt nicht selten aus altem Familienbesitz. Für eine neue müssen die Mitglieder der zahlreichen Trachtenvereine viel Zeit und Geld investieren.

Unten:
Mittelpunkt von Altötting, dem bedeutendsten Wallfahrtsort Bayerns, ist der Kapellplatz. Links ist die Kirche St. Magdalena zu sehen, rechts die Stiftspfarrkirche, dazwischen die kleine achteckige Gnadenkapelle aus dem 8. Jahrhundert mit später angebautem Langhaus.

Rechte Seite:
Um diese herrliche Aussicht über den Münchner Marienplatz – mit dem Neuen Rathaus (1867–1908) und dem Dom zu Unserer Lieben Frau (1468–1488), der Bischofskirche der südbayerischen Kirchenprovinzen, zu gewinnen, bedarf es erst der Mühsal: Genau 302 Stufen sind zu überwinden, um auf den Turm von St. Peter zu gelangen.

Der Karlsplatz, von den Münchnern liebevoll „Stachus" genannt, erhielt seinen Namen von Kurfürst Karl Theodor, der 1791 den seit 1319 die Stadt umgürtenden zweiten Mauerring schleifen ließ. 1972 bekam das Halbrondell eine Fontäne.

Die Leopoldstraße in Schwabing. Die 1891 nach München eingemeindete Ortschaft wurde bereits 782 – und damit lange vor der Landeshauptstadt – als „Swapinga" erwähnt. Um die Wende vom 19. zum 20. Jahrhundert ließen sich hier Dichter, Musiker, Schauspieler und Maler nieder und begründeten damit Schwabings Ruf als Künstlerviertel.

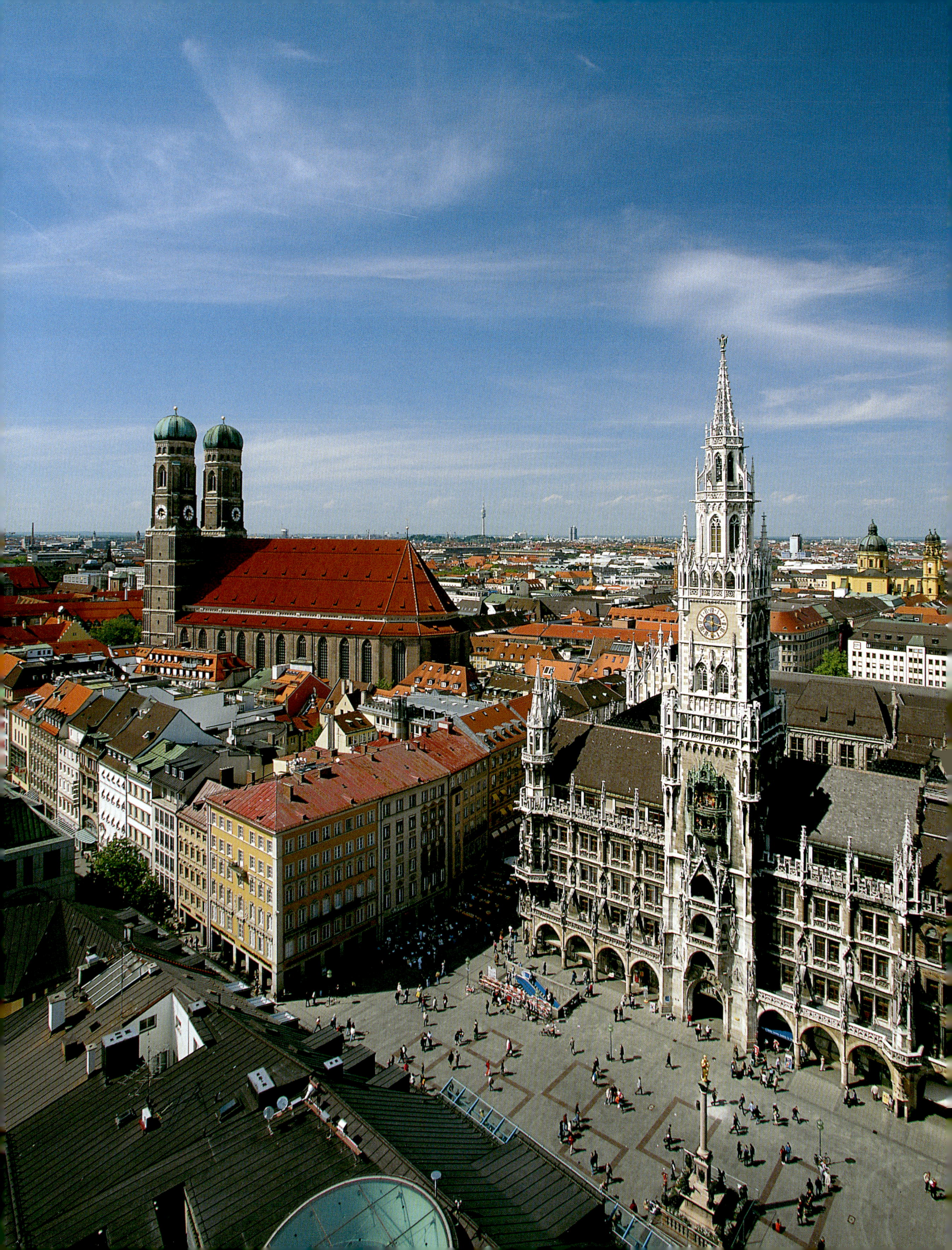

Glücklich derjenige, der einen Platz ergattert hat – schon am Mittag sind die Zelte bis auf den letzten Platz besetzt. Haben doch die Gäste nicht nur mächtig Durst sondern auch gewaltigen Hunger, wofür traditionell Weißwüste, Hendl, Steckerlfisch, Kalbshaxen und gebratene Ochsen bereitstehen. Hier geht's rund im Hackerbräu-Festzelt.

Während früher fünfbeinige Kälber, siamesische Zwillinge und Damen ohne Unterleib zu den Rennern des Oktoberfestes gehörten, ziehen heute Superachterbahnen und andere Hightech-Fahrgeschäfte die Besucher in ihren Bann. Aber das schöne alte Kettenkarussell gibt es zur Freude von Groß und Klein auch heute noch.

OKTOBERFEST UND BRAUEREIEN EN MASSE –
BIERLAND BAYERN

Oben:
Über Stunden hinweg mit jeweils zehn schweren Maßkrügen hin und her zu hasten wie hier auf dem Dachauer Volksfest, gehört zum harten Job der Kellnerinnen.

Mitte:
Die Restaurationen auf dem Münchner Oktoberfest heißen zwar noch Bierzelte, sind aber längst zu Riesenkonstruktionen gewachsen, die nichts mehr mit einem Provisorium gemein haben.

Unten rechts:
Von einer guten Kellnerin wird nicht nur beste Kondition, sondern auch Schlagfertigkeit erwartet.

Obwohl die Bayern das Bier nicht erfunden haben, ist es ihnen gelungen, es vermutlich auf ewig mit ihrer Existenz zu verknüpfen. So darf sich das Land mit Weihenstephan nicht nur der „ersten Brauerei der Welt" rühmen, sondern auch zweier Herzöge, die sich besonders um das süffige Getränk verdient gemacht haben. 1516 erließen Wilhelm IV. und sein Bruder Ludwig X. jenes denkwürdige Reinheitsgebot, nach dem das Bier nichts anderes als Wasser, Gerstenmalz und Hopfen enthalten darf. Und da die Bayern darin nichts dem Zufall überlassen, bauen sie nach der Devise „für das beste Bier nur die allerbesten Zutaten" in jenem Hallertau genannten Hügelland zwischen Ingolstadt und München einen wirklichen Spitzenhopfen an.

So nimmt es nicht Wunder, wenn Gott Gambrinus gleich mehrere bayerische Lieblingsaufenthalte hat. In Oberbayern sind dies vor allem die berühmte Klosterbrauerei zu Andechs und die Landeshauptstadt selbst. Dort findet seit 1810 das Oktoberfest statt, das alljährlich Millionen von Menschen aus allen Ländern auf die Theresienwiese zieht. Und da die Fahrt auf der Superachterbahn und anderen Hightech-Geschäften hungrig und durstig macht, wird eine Unmenge von Weißwürsten, Hendln, Steckerlfischen und Kalbshaxen verdrückt und mit noch mehr extrastarkem und -teurem Festbier begossen.

Beides – die Unterschätzung dieses Getränks und die Überschätzung der eigenen Standfestigkeit – zeitigt allerdings recht häufig Folgen. So wurde 1928 der amerikanische Schriftsteller Thomas Wolfe – nachdem er sieben oder acht Liter intus hatte – in eine Schlägerei verwickelt, die ihm eine Gehirnerschütterung, vier Schädelwunden und eine gebrochene Nase einbrachte.

Ganz links:
Es gibt nichts Schöneres als einen gescheiten Durst ...

Links:
Oktoberfesteinzug auf der Ludwigstraße, links die Theatinerkirche. Das Prachtgespann gehört zur Brauerei Hacker-Pschorr.

Oben:
In den großen Bierzelten sind die hinteren Plätze ziemlich weit von jenem Ort entfernt, wo die Musik spielt. Doch angesichts der Lautstärke kann dies auch von Vorteil sein.

KOMFORTABLE RIESENKONSTRUKTIONEN

Die Ausschanke werden zwar noch Zelte genannt, sind aber längst zu komfortablen Riesenkonstruktionen gewachsen, die nicht mehr viel mit ihrem Namen gemein haben. Bei derlei Superlativen dürfen natürlich die Kellnerinnen nicht zurückstehen. Über Stunden hinweg mit jeweils zehn schweren Maßkrügen zwischen Theke und Tischen hin und her zu hasten, gehört heute ebenfalls zur Oktoberfest-Realität. Kaum auszudenken, wenn sich 1910 der „Deutsche Abstinentenbund" mit seiner Forderung durchgesetzt hätte, den Frauen aus Sittlichkeitsgründen diesen Beruf zu verbieten! Obwohl sich München gern als Bierhauptstadt fühlt, gibt es starke Konkurrenz. So kann sich die Gegend zwischen Bamberg, Bayreuth und Kulmbach der größten Brauereidichte der Welt rühmen. Doch wo so viel Bier gebraut und getrunken wird, muss es wieder heraus. Dieser Logik konnte sich auch Jean Paul, einer der meist gelesenen Autoren der Goethe-Zeit, nicht entziehen, als er nach einer Zechtour in Bayreuth beim öffentlichen Wasserabschlagen erwischt wurde und zu der im Bierpreis enthaltenen Steuer noch eine Strafe wegen unziemlicher Entsorgung zu zahlen hatte.

Die Münchner und ihre vielen Gäste aus aller Herren Länder sind sich einig, dass jener am Chinesischen Turm des Englischen Gartens gelegene Biergarten zu den schönsten in der ganzen Stadt gehört – und dass es dort am allerschönsten ist, wenn die Kastanien blühen.

Längs der Isar erstreckt sich Münchens Englischer Garten über eine Fläche von 350 Hektar. Einer so großen, zentral gelegenen grünen Lunge mit einer Vielzahl an verschiedenen Erholungs- und Freizeitmöglichkeiten kann sich keine andere europäische Großstadt rühmen.

Oben:
Nicht nur eine Seefahrt, sondern auch eine Isar-Fahrt kann recht lustig sein! Während die Flöße – hier bei Thalkirchen – früher Handelsgüter wie Marmor, Kalk, Gips oder auch Wein beförderten, sind es heutzutage die Touristen, die diese beschauliche und – auch im übertragenen Sinne – selten trockene Art der Fortbewegung auf dem Fluss für sich entdeckt haben.

Links:
Parkcafé in der Münchner Sophienstraße am alten Botanischen Garten. Der neue wurde zwischen 1909 und 1914 im Norden des Nymphenburger Parks – also im westlichen Teil der bayerischen Hauptstadt – angelegt.

Oben:
Das Alte Residenztheater in München wurde Mitte des 18. Jahrhunderts von François de Cuvilliés errichtet. Bevor dieser zum bedeutendsten Architekten des süddeutschen Rokoko avancierte, verdiente er als Hofzwerg des Kurfürsten Max II. Emanuel sein Brot.

Rechts:
Das Deutsche Museum in München zählt zu den weltweit größten technisch-naturwissenschaftlichen Einrichtungen seiner Art. Zu den sehenswerten Sammlungen gehört auch eine Musikinstrumenten-Abteilung.

Oben:
Von den zahlreichen barocken Kirchen, die die Gebrüder Cosmas Damian und Egid Quirin Asam errichtet und ausgestattet haben, ist jenes Gotteshaus in der Sendlinger Straße in München, das auch ihren Namen trägt, das bekannteste.

Ganz links:
Neustes Groß-Museum in München ist die Pinakothek der Moderne, die seit 2002 bildende und angewandte Kunst des 20. und 21. Jahrhunderts zeigt.

Links:
Karl Valentin „macht keine Witze ... Er ist selber ein Witz", urteilte B. Brecht über den Münchner Volksschauspieler und Humoristen, der im südlichen Turm des Münchner Isartors ein hochinteressantes „Musäum" bekommen hat, das auch die Erinnerung an seine Mitstreiterin Lisl Karlstadt wach hält.

Oben:
„In München steht ein Hofbräuhaus ...", heißt es in einem Lied, das mindestens ebenso bekannt ist wie das in dem besungenen Wirtshaus ausgeschenkte Bier. Kein Wunder, dass es zu den großen Besuchermagneten der bayerischen Hauptstadt zählt und die insgesamt 2500 Plätze oft nicht ausreichen.

Rechts:
Obwohl sich inzwischen auch hier manches verändert hat, finden sich auf dem Münchner Viktualienmarkt noch immer einige jener urigen Typen, die man längst ausgestorben wähnt. So tanzen die Marktfrauen zum Fasching aus althergebrachter Tradition.

Links:
Der Marienplatz war Münchens Wiege. Hier kreuzten sich gleich mehrere wichtige Handelsstraßen, befanden sich der Salz- und Getreidemarkt. So ist er denn auch Schauplatz des Stadtgründungsfestes, auf dem die Folklore nicht zu kurz kommt.

Unten:
Wem es in der 1000 Plätze fassenden „Schwemme" des Münchner Hofbräuhauses zu eng oder zu laut ist, der findet im Hof mit dem Löwenbrunnen eine echte Alternative. Schmeckt doch die „Maß" hier mindestens ebenso gut.

Rechts:
Die Freitreppe der durch Friedrich von Gärtner erbauten Bayerischen Staatsbibliothek (1832–1843) wird von vier monumentalen Sitzfiguren des Thukydides, Homer, Aristoteles und Hippokrates geschmückt. Die modernen Nachbildungen gehen auf Originale Ludwig von Schwanthalers zurück.

Unten:
Die Glyptothek an der Nordseite des Königsplatzes wurde zwischen 1816 und 1830 durch Leo von Klenze errichtet. Sie ist nicht nur das älteste Museum der bayerischen Landeshauptstadt, sondern beherbergt auch eine der größten antiken Skulpturensammlungen ganz Europas, die König Ludwig I. zuammentragen ließ.

Oben:
Erste Bauherrin von Schloss Nymphenburg war die Kurfürstin Henriette Adelaide von Savoyen. Nach ihrem Tod im Jahr 1676 wurden die Arbeiten zunächst eingestellt, ehe sie der Kurfürst Max Emanuel weiterführen ließ. Der zentrale Hauptpavillon und die beiden kleineren Seitenpavillons sind durch auf Arkaden gesetzte Galerien miteinander verbunden.

Links:
Der Schlosspark von Nymphenburg gab sich anfänglich italienisch und später französisch. Sein heutiges Antlitz als Landschaftsgarten nach englischem Vorbild datiert aus dem 19. Jahrhundert. Die Anlage hat auch im Winter ihre Reize: Der zugefrorene See dient zum Eisstockschießen.

DIE STADT DES "BLAUEN REITERS" – MÜNCHEN

Unten:
Franz Marc: "Tiger". In seinen Tierbildern spiegelte der Künstler "die paradiesische Reinheit der beseelten Kreatur" (A. Schenck).

Mitte:
Ebenfalls im Jahr 1913 malte Franz Marc "Die Weltenkuh". Das Bild befindet sich heute im Besitz des Guggenheim Museums in New York.

Obwohl gewiss nicht alle Wittelsbacher Herzöge und Könige mit Kunst und Künstlern etwas anzufangen wussten, kamen ihnen die doch gerade recht, um den Schlössern, Kirchen und Städten Gesicht zu verleihen. Von diesem Hang zur Repräsentation hat die Landeshauptstadt München am meisten profitiert.

Jörg von Halsbach hieß der erste wichtige Baumeister, der sich in der zweiten Hälfte des 15. Jahrhunderts mit der Frauenkirche ein Denkmal setzte. Das Chorgestühl dazu schuf übrigens jener Erasmus Grasser, der auch am Alten Rathaus mit von Halsbach zusammengearbeitet und die berühmten Moriskentänzer geschnitzt hat. Während Giovanni Antonio Viscardi, Enrico Zucalli, François Cuvilliés d. Ä., Josef Effner, Leo von Klenze oder Gabriel von Seidl große Münchner Architekturgeschichte schrieben, haben Hans Krumpper, die Gebrüder Asam, Johann Baptist Zimmermann, Johann Baptist Straub oder Franz von Lenbach als Maler, Schnitzer oder Stuckateure die Stadt geprägt.

IMPULSE FÜR DIE MALEREI DER MODERNE

Eine besondere Hoch-Zeit erlebte die Kunst in Bayerns Metropole unter der Regentschaft des Prinzregenten Luitpold (1886–1912). So erhielt mit Stefan George, Rainer Maria Rilke und Thomas Mann nicht nur die deutsche Literatur entscheidende Impulse, sondern auch die moderne Malerei. Die Zeitschrift "Die Jugend", deren erste Nummer 1896 erschien, gab einem ganzen Stil den Namen. 1909 wurde am gleichen Ort die Neue Künstlervereinigung gegründet, der unter anderen Wassily Kandinsky angehörte. Dieser malte dann ein Jahr später sein erstes abstraktes Aquarell. Unterschiedliche Auffassungen über die dritte Ausstellung der Neuen Künstlervereinigung führten 1911 zur Spaltung der Gruppe und zur Geburt einer neuen: des "Blauen Reiters". An dessen Wiege standen – neben Kandinsky – Gabriele Münter und

Rechts:
Nach dem Tod König Ludwigs II. erlebte die Kunststadt München unter der Regierung des Prinzregenten Luitpold von Bayern (1886–1912) noch einmal eine Blüte.

Oben Mitte:
Leo von Klenze, seit 1816 Hofbauintendant unter Ludwig I., war – neben Karl Friedrich Schinkel – der bedeutendste Architekt des Klassizismus in Deutschland.

Oben:
Wilhelm von Kaulbach (1805–1874) machte sich vor allem als Schöpfer großer Historienbilder sowie auch als Buchillustrator einen Namen.

Links:
August Macke wurde 1887 geboren und fiel 1914 in der Champagne. Das Bild „Vor dem Hutladen" („Frau mit roter Jacke und Kind") entstand 1913.

Franz Marc. Später kamen noch Marianne von Werefkin, Heinrich Campendonk, August Macke, Alexej von Jawlensky und Paul Klee hinzu. Die erste Ausstellung gab es 1911/12 in der Galerie Thannhauser, die zweite in der Kunsthandlung Goltz. Obwohl sich die Gruppe schon nach Kriegsbeginn wieder auflöste, war ihre Existenz, waren die Bilder und Theorien von größter Bedeutung für die Malerei der Moderne.

Einziger Münchner unter den durch eine gemeinsame geistige Haltung verbundenen, im künstlerischen Stil aber verschiedenen Weggenossen war Franz Marc. 1860 geboren, studierte er zunächst an der Akademie seiner Heimatstadt. Nachdem er sich auf Studienreisen Italien, Paris und den Berg Athos erschlossen hatte, zog er aufs Land und begann in Farben zu malen, die nicht mehr das natürliche Vorbild widerspiegelten, sondern eine eigene Realität. Er begann Formen zu entdecken, die mit der reinen Anschauung brachen und einer neuen, kubistischen folgten. Besonders begeistert von der Volkskunst, nahm er in vollen Zügen die Bilder und Farben seiner neuen Umgebung in sich auf und wurde dabei immer sicherer in seiner Erkenntnis, dass „Kunst (…) in ihrem Wesen (…) die kühnste Entfernung von der Natur" sei.

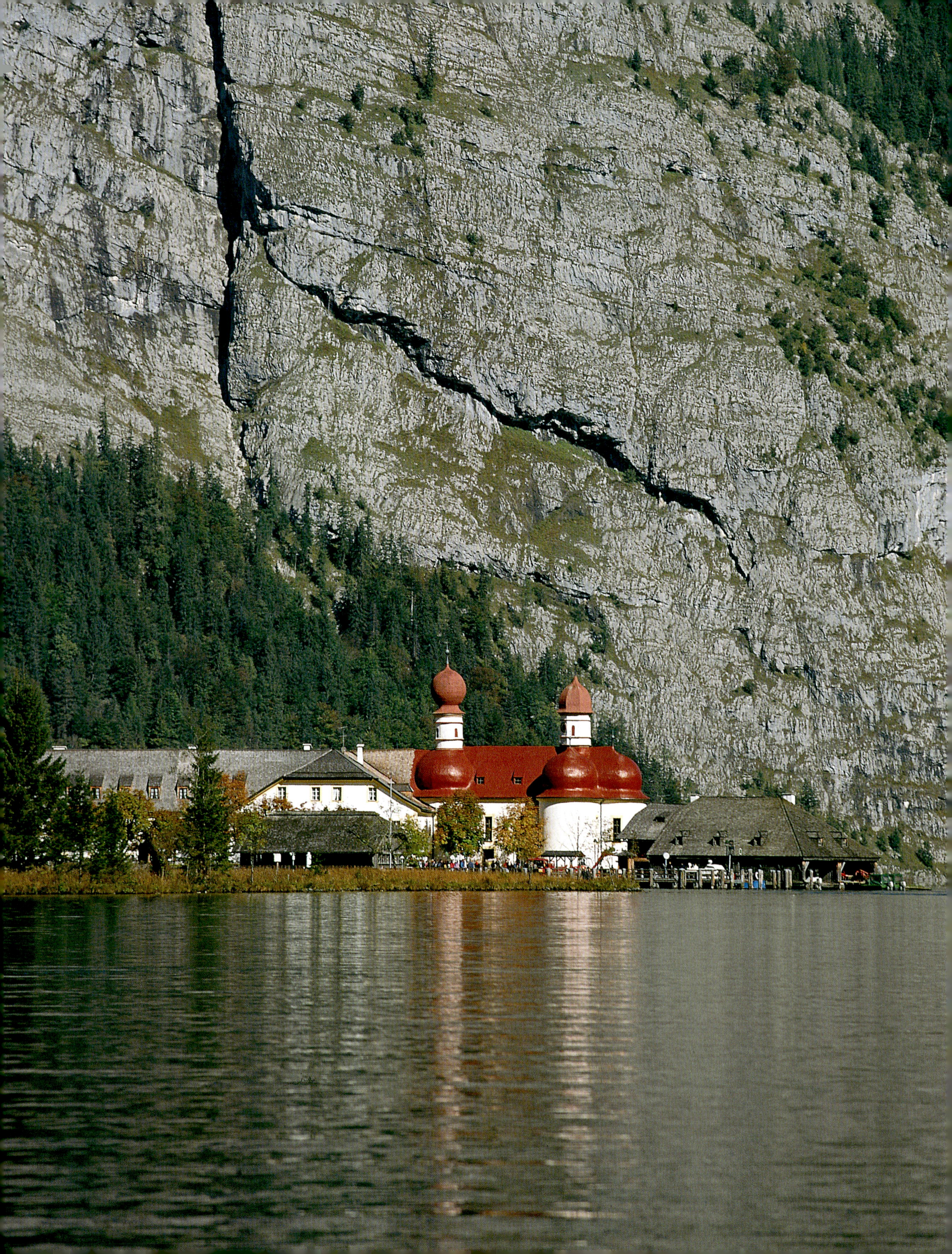

Linke Seite:
Zu Füßen des Kleinen Watzmann schiebt sich die Halbinsel St. Bartholomä weit in den Königssee hinein. Die barocke Wallfahrtskapelle, deren älteste Bauteile aus dem 12. Jahrhundert stammen, ist der heiligen Dreifaltigkeit und der Jungfrau Maria gewidmet.

Bauerngehöft im Berchtesgadener Land. Obwohl sich die oberbayerischen Haustypen durchaus unterscheiden, sind gemeinsame Merkmale – wie die flachen, früher ausschließlich mit Schindeln gedeckten Dächer und die umlaufenden hölzernen Balkone – unverkennbar. Im Hintergrund der Hochkalter.

Weit schweift der Blick vom Lockstein über Berchtesgaden. Die Ortschaft wuchs um ein zu Beginn des 12. Jahrhunderts gegründetes Augustiner-Chorherrenstift herum, das durch den Salzbergbau reich wurde und dessen Pröpste Ende des 15. Jahrhunderts sogar zu Reichsfürsten erhoben wurden.

Der Watzmann im Licht des frühen Tages. Wie die Legende berichtet, soll der Herrgott den sagenhaften König dieses Namens, der sich auf seinen zügellosen Jagdzügen scheinbar durch nichts aufhalten ließ, samt der ganzen Familie in Stein verwandelt haben.

Das karge Wimbachtal südlich von Ramsau ist ein eiszeitlicher Gletschertrog, dessen See verschwunden ist. In der gleichnamigen Klamm gibt es malerische Wasserfälle. Das Wimbachschloss ist 937 Meter über dem Meeresspiegel gelegen und auf einem schönen Wanderweg zu erreichen.

Ganz links:
Obwohl nur knapp 1200 Meter hoch, gilt die Kneifelspitze als einer der schönsten Aussichtsberge im Berchtesgadener Land. Die Häuser drunten im Tal gehören zur Ortschaft Ettenberg.

Links:
Typisches Bauernhaus aus dem Rupertiwinkel. Unter dem weit vorgezogenen Giebeldach verlaufen über die Vorderfront gleich mehrere blumengeschmückte Balkonreihen, die das Anwesen nicht nur zieren, sondern auch seine Nutzfläche vergrößern.

Ganz links:
Bevor die wildromantische Almbachklamm den Wanderer gefangen nimmt, wird er vorher durch ein technisches Denkmal, eine Kugelmühle, in die Vergangenheit zurückversetzt. Unsere Eltern haben vielleicht noch mit jenen Marmorkugeln gespielt, die unter dem Namen „Untersberger Murmeln" bekannt waren.

Links:
Blick auf die „Steinerne Agnes" im Lattengebirge – einem von insgesamt neun Gebirgsstöcken, die unter dem Namen „Berchtesgadener Alpen" zusammengefasst werden.

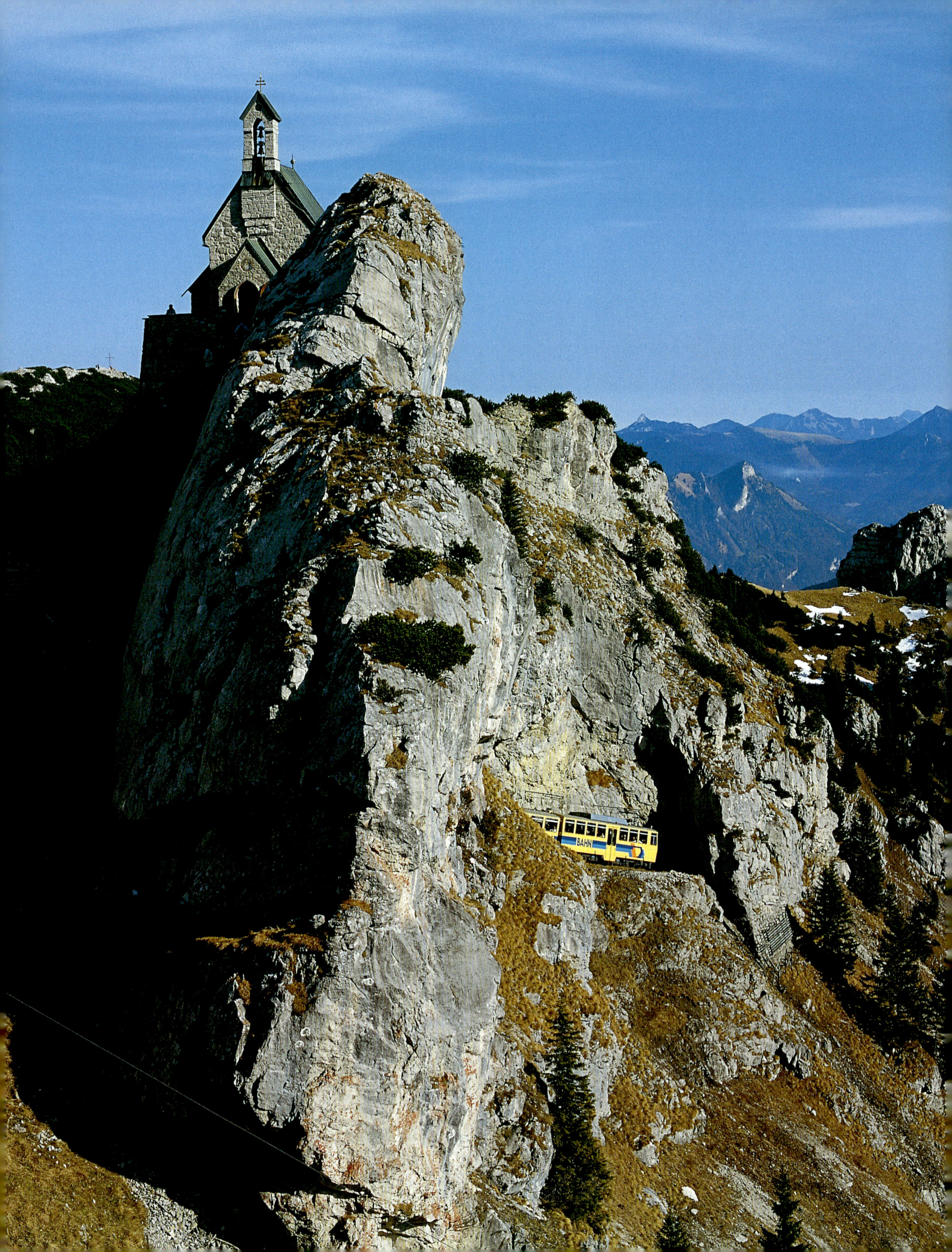
BAHN

Linke Seite:
Der als Aussichtsberg berühmte Wendelstein ist durch eine zehn Kilometer lange Zahnradbahn erschlossen. Letzter Abschnitt vor der Endstation ist die vom Wendelsteinkirchlein gekrönte Schwaigerwand. Das kleine Gotteshaus über dem Schwindel erregenden Abgrund wurde 1889 erbaut.

Hinter Münsing zeigt sich die Zugspitze in leuchtendem Schneeweiß. Hier, auf Deutschlands höchstem Berg, kann man dem – nicht immer – weiß-blauen Himmel 2963 Meter näher kommen. Der Erste, der seinen Fuß auf den Gipfel setzte, war im Jahre 1820 der bayerische Leutnant Karl Naus.

Blick vom Wallberg im Mangfallgebirge über Roß- und Buchstein zur Zugspitze. Die gibt sich nur aus der Ferne unnahbar, denn sie wurde inzwischen durch gleich vier Bergbahnen (davon eine auf österreichischer Seite) erschlossen, die alljährlich mehr als eine halbe Million Menschen hinauf bringen.

Unten:
Dörfliche Idylle mit barockem Touch: Truchtlaching liegt nördlich des Chiemsees an einem seiner Zuflüsse, der Alz.

Unten:
Die Fraueninsel im Chiemsee ist einer der schönsten und kulturträchtigsten Orte ganz Bayerns. Das Kloster, dessen erste Äbtissin Irmengard, eine Tochter König Ludwigs des Deutschen, war, besitzt nicht nur eine großartige karolingische Torhalle, sondern auch einen sehenswerten Garten.

Rechts:
Nicht nur das Schloss, sondern auch die Gartenanlage von Herrenchiemsee lassen das große Vorbild Versailles erahnen. Seit einigen Jahren sind auch die Brunnen wieder in Betrieb.

Rechts:
Die Spiegelgalerie im Schloss Herrenchiemsee wurde zwischen 1879 und 1881 eingerichtet. Sie erstreckt sich fast einhundert Meter lang über die gesamte Gartenfront des Gebäudes und übertrifft damit noch jene in Versailles.

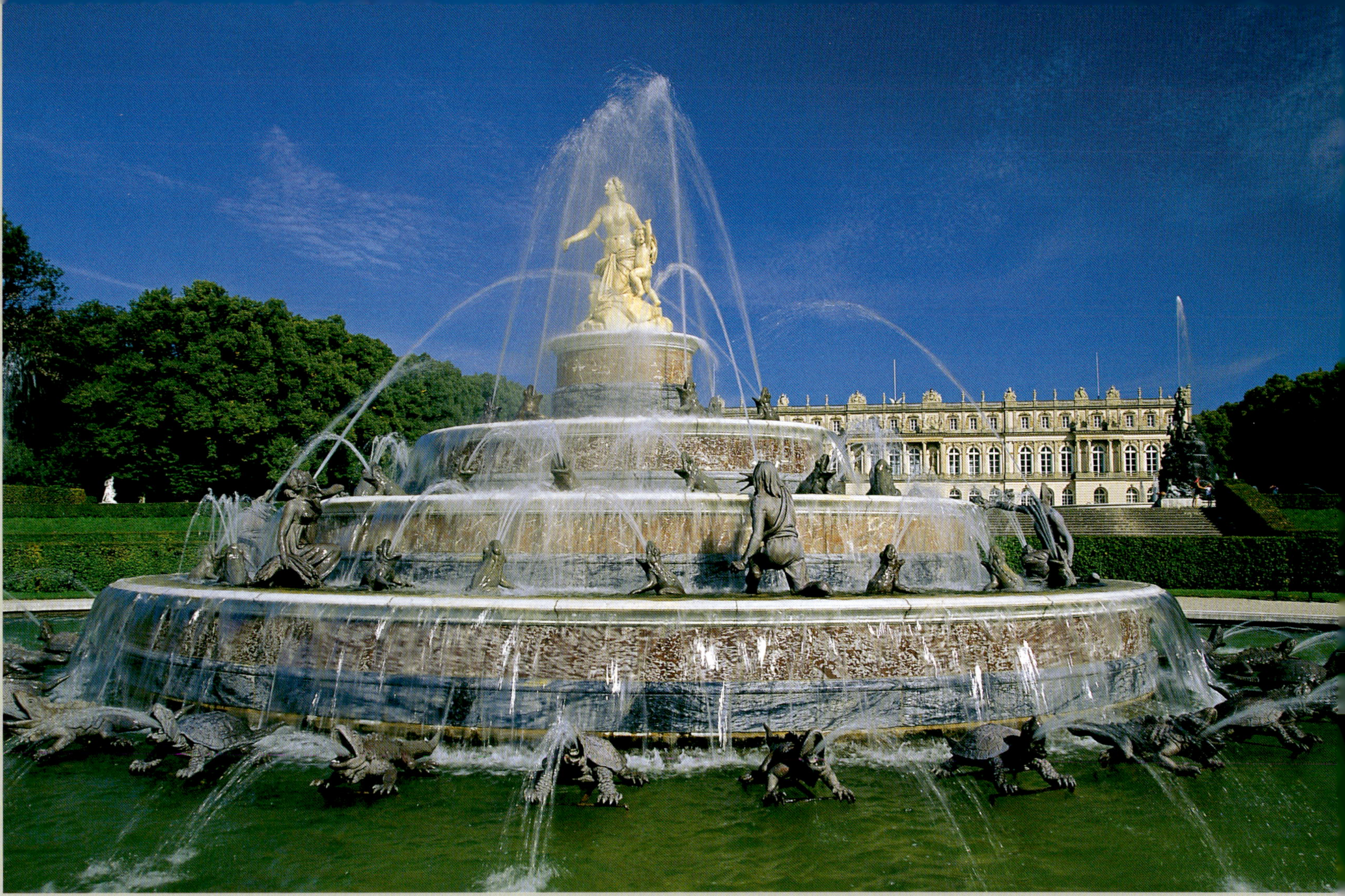

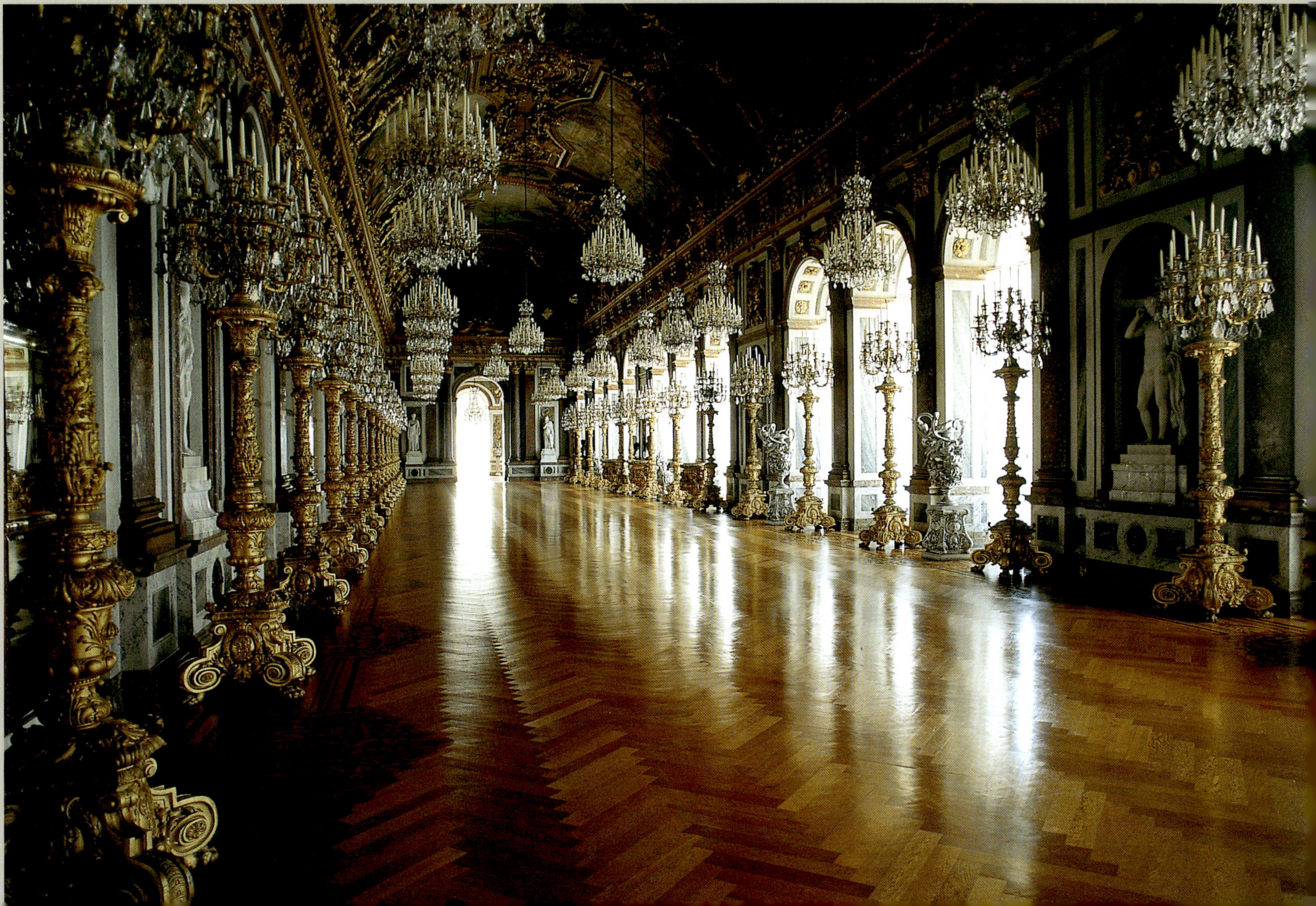

Oben:
Die Isar trennt das Kurviertel von Bad Tölz von der Stadt, deren Anfänge auf eine Fischer- und Schiffersiedlung aus dem 12. Jahrhundert zurückgehen. Urbanes Prachtstück ist die Marktstraße, deren Fassaden mit so genannten „Lüftlmalereien" und Stuckwerk verziert sind.

Rechts:
Rosenheim wurde 1232 erstmals urkundlich erwähnt und bekam knapp einhundert Jahre später das Marktrecht. Als Brückenstadt über den Inn profitierte sie vom Salzhandel. Zentrum des Ortes ist der Max-Josefs-Platz, der von sehenswerten Häusern im „Inn-Salzach-Stil" flankiert wird.

Links:
Herrlich liegt der Tegernsee im Voralpenland, gerade einmal 50 Kilometer von München entfernt. An den Ufern des Sees liegen die bekannten Kur- und Bäderorte Rottach-Egern (rechts) und Bad Wiessee (links).

Unten:
Blick auf das Schloss und die Klosterkirche in Tegernsee. Mitte des 11. Jahrhunderts schrieb hier ein Mönch den ersten frei erfundenen Roman der deutschen Literatur. Titelgestalt des in lateinischer Sprache verfassten, aber bereits mit vielen deutschen Wörtern durchsetzten Versepos ist der Ritter „Ruodlieb".

Unten:
Zu der im Isarwinkel gelegenen Gemeinde Lenggries gehören 50 Dörfer, die sich auf ein Gebiet von fast 250 Quadratkilometern verteilen. Im Hintergrund der Brauneck, der Hausberg des viel besuchten Kur- und Wintersportortes, der durch eine Seilbahn erschlossen ist.

Kleine Bilder rechts:
Für Teilnehmer und Zuschauer gleichermaßen eine Gaudi ist das alljährlich am dritten Januarsonntag in Gaißach (Isarwinkel) stattfindende „Schnablerrennen", bei dem wagemutige junge Männer und Frauen im Faschingskos-

tüm auf ihren Hörnerschlitten den Berg herunterrasen. Der ist jedoch so steil und die Strecke so lang, dass Malheurs, sprich: Stürze, kaum zu vermeiden sind. Startplatz für das Spektakel ist die 1500 Meter hoch gelegene Schwaigeralm.

Oben:
Blick von der Zugspitze gen Osten. Doch der Eindruck des Alleinseins täuscht. Selbst schlechtes Wetter kann den Ansturm der Massen nicht verhindern. Gibt es doch hier oben auch an solchen Tagen genug Möglichkeiten, sich die Zeit zu vertreiben – unter anderem mit dem Besuch der höchst gelegenen Kunstgalerie Deutschlands.

Rechts:
Winter am Kochelsee. Das knapp sechs Quadratkilometer große und bis zu 66 Meter tiefe, von der Loisach durchflossene Gewässer wird im Norden von weiten Moorflächen begrenzt. Im Süden hingegen liefern Heimgarten, Herzogstand und Jochberg den malerischen Gebirgsrahmen.

Oben:
Garmisch und Partenkirchen am Fuß des Wettersteingebirges wurden erst 1935 zu einer Marktgemeinde zusammengeschlossen. Während Partenkirchen als „Parthanum" schon in der Römerzeit bekannt war, datiert die erste urkundliche Erwähnung der Schwesterstadt aus dem Jahre 802. Im Hintergrund: Alp- und Zugspitze.

Links:
Die Fassade des Gasthofes „Zum Husaren" in Garmisch-Partenkirchen ist mit originellen Lüftlmalereien im Empirestil geschmückt. Der Turm im Hintergrund gehört zur alten Pfarrkirche St. Martin.

Nicht sehr weit vom Garmisch-Partenkirchener Olympiastadion entfernt öffnet sich die Partnachklamm. Dass das Begehen der wildromantischen Schlucht nicht ungefährlich ist, beweist jener Felssturz von 1991, bei dem die Klamm verschüttet wurde. Erst ein Jahr später konnte sie wieder der Öffentlichkeit zugänglich gemacht werden.

Von dem bekannten Ferienort Grainau am Fuße der Zugspitze bedarf es nur eines knapp zweistündigen Fußmarsches, um die Höllentalklamm zu erreichen. Der Weg zur 1387 Meter hoch gelegenen Höllentalangerhütte führt über Brücken und durch Tunnel sowie an diesem Wasserfall vorbei.

Von Mittenwald gibt es einen schönen Weg zur Leutaschklamm und weiter zum Gasthaus „Am Gletscherschliff", wo es – wie schon der Name der Einkehr verrät – den größten eiszeitlichen Gletscherschliff der nördlichen Kalkalpen zu bestaunen gibt.

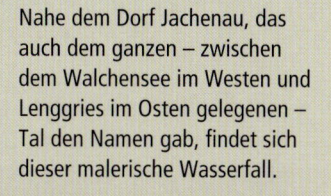

Nahe dem Dorf Jachenau, das auch dem ganzen – zwischen dem Walchensee im Westen und Lenggries im Osten gelegenen – Tal den Namen gab, findet sich dieser malerische Wasserfall.

Oben:
Auf dem Schafreuter-Gipfel im Karwendelgebirge. Die aus grauem Kalk bestehenden Berge sind stark zerklüftet und durch riesige Schutthalden beziehungsweise mächtige Felswände geprägt. Im Gegensatz zu anderen Gebirgsstöcken fehlen hier jedoch die markanten Gipfelformen.

Rechts:
Wie fast überall im alpenländischen Raum bleibt das gute Weideland den Kühen vorbehalten, während sich die hinsichtlich des Futters eher anspruchslosen Schafe mit kargeren Wiesen begnügen müssen.

Oben:
Das Leben der Viehhirten in der freien Natur war schon immer ein guter Stoff für Legenden. Doch die Arbeit auf den Almen ist alles andere als eine Idylle. Auch wenn inzwischen das Handy selbst die größten Entfernungen überbrücken hilft, muss man dazu geboren sein.

Links:
Steinbock in der Benediktenwand. Nachdem diese Tiere schon ausgerottet waren, wurden im nördlichen Karwendelgebirge wieder einige Exemplare ausgesetzt. Die fühlen sich offenbar so wohl, dass sie für reichliche Nachkommenschaft sorgen und auch die Kamera nicht scheuen.

Links oben:
Der Maurische Kiosk ist eines der vielen originellen Architekturstücke im Park von Schloss Linderhof. Der ursprünglich um 1850 für die Pariser Weltausstellung geschaffene Bau zitiert den Formen- und Farbenreichtum des Orients und birgt in seinem Innern den berühmten Pfauenthron.

Links Mitte:
Das Kloster Ettal in den Ammergauer Alpen verdankt seine Existenz einem Gelöbnis Kaiser Ludwigs des Bayern. 1330 gestiftet, wurde die inzwischen barock umgestaltete Abtei 1803 im Zuge der Säkularisation geschlossen und zum Teil zerstört. Erst vor rund 100 Jahren konnten die Benediktiner wieder hierher zurückkehren.

Links unten:
Nachdem der aus Graubünden stammende Enrico Zucalli zwischen 1710 und 1726 den gotischen Zentralbau der Ettaler Klosterkirche in einen barocken Kuppelbau umgewandelt hatte, gab ihm – nach einem Brand – der Wessobrunner Joseph Schmuzer um 1750 sein heutiges Gepräge im Stile des Rokoko.

Unten:
Auch Schloss Linderhof prunkt mit erlesenem Zierrat des Rokoko. Doch zu seiner Entstehung (1869–1878) war diese Zeit längst vergangen. Dass sie hier, im Graswangtal, Auferstehung feiern konnte, ist ein Verdienst König Ludwigs II.

In der Ortschaft Pähl im Pfaffenwinkel gibt es zwei turmbestückte Gebäude. Während Caspar Feichtmayr, der Baumeister der Klosterkirche in Benediktbeuren, um 1680 der Pfarrkirche St. Laurentius die barocke Zwiebelhaube aufgesetzt hat, stammt das neogotische Hochschloss vom Ende des 19. Jahrhunderts.

Rechts:
1976 wurde das oberbayerische Freilichtmuseum Glentleiten hoch über dem Kochelsee eröffnet. Hier werden auch alte Handwerke – wie das Drechseln – sowie Bräuche vorgeführt.

Ganz rechts:
Wenn man Glück hat, kann man in Glentleiten nicht nur zusehen, wie die aus Hefeteig zubereiteten Schmalznudeln ausgebacken werden, sondern sie anschließend sogar verkosten.

Ganz rechts:
Webvorführung in Glentleiten. Die Bauern beziehungsweise ihre Frauen mussten früher gleich mehrere Gewerke beherrschen. So stand in fast jedem Gehöft ein Webstuhl.

Oben:
Geigenbaumeister Anton Maller aus Mittenwald in seiner Werkstatt. Die Anfänge des Musikinstrumentenbaues in diesem Ort liegen mehr als 250 Jahre zurück.

Ganz links:
Allzu lange ist es noch nicht her, dass fast alle oberbayerischen Bauernhäuser mit Schindeln bedeckt waren. Wie diese hergestellt werden, zeigt Erwin Porer in Glentleiten.

Links:
Dass Oberammergau heute weltweit bekannt ist, verdankt es nicht nur den Passionsspielen, sondern auch den „Herrgottsschnitzern". Diese fertigten ihre Arbeiten zunächst für die Ettaler Wallfahrer, später dann auch für andere Kunden aus nah und fern.

Oben:
Auf einer Schotterbank im Lech wuchs zu Füßen der Mitte des 12. Jahrhunderts von Heinrich dem Löwen errichteten Burg die Stadt Landsberg. Ihren Reichtum verdankt sie der Salzstraße beziehungsweise jener Brücke, die den Händlern die Überquerung des Flusses ermöglichte und dadurch auch das Stadtsäckel füllte.

Rechts:
Alle vier Jahre jeweils Ende Juli liefert Landsberg die prachtvolle Kulisse für das so genannte „Ruethenfest". Auf Bayerns größtem Kinderfest mit über 1000 Mitwirkenden werden historische Ereignisse aus der Stadtgeschichte nachgestellt.

Oben:
Die Herrenstraße in Dießen am westlichen Ufer des Ammersees. Das nahe der Stammburg der Grafen von Dießen-Andechs entstandene Städtchen kann sich nicht nur einer sehenswerten ehemaligen Klosterkirche, sondern auch einer großen Töpfer- und Zinngießertradition rühmen.

Links:
Da der Mensch dazu neigt, die Vergangenheit zu verklären, brauchen sich mittelalterliche Spektakel wie das Ritterturnier auf Schloss Kaltenberg über mangelnden Zulauf nicht zu sorgen. Zu den Akteuren gehören stolze Ritter und schöne Frauen, Musikanten, Gaukler und Händler.

Tutzing, das vor allem durch die dort beheimatete Evangelische Akademie weithin bekannt wurde, ist durch die S-Bahn direkt an München angebunden. Neben dem jährlichen Fischerstechen zählt auch die alle fünf Jahre stattfindende Fischerhochzeit zu den sehenswerten Veranstaltungen im Festkalender der mit rund 10 000 Einwohnern zweitgrößten Stadt am Starnberger See.

Ganz links:
Das am Ostufer des Starnberger Sees gelegene Leoni erinnert mit seinem Namen an den Münchner Hofopernsänger Giuseppe Leoni, der hier 1825 eine Pension eröffnete. So wurde aus dem Fischerdorf Assenbuch zunächst Leonihausen und dann Leoni.

Links:
Das Kreuz im Starnberger See, nahe der Gemeinde Berg, markiert jene Stelle, wo der unglückliche König Ludwig II. und sein Psychiater Dr. Gudden am Pfingstsonntag 1886 (13. Juni) unter mysteriösen Umständen zu Tode kamen.

Unten:
Auf Schloss Possenhofen am Starnberger See, das Herzog Max 1860 im großen Stil erweitern ließ, verlebte dessen Tochter „Sisi", die spätere Kaiserin Elisabeth von Österreich, ihre Kindheit.

Eine der zahlreichen Sehenswürdigkeiten in Erdings Altstadt ist das Landshuter Tor, auch „Schöner Turm" genannt, das um 1500 errichtet wurde.

Mitte links:
Die nordwestlich von Dachau gelegene Marktgemeinde Altomünster kann sich eines der ältesten Klöster Deutschlands rühmen. Nach dessen Besichtigung gibt es Gelegenheit, sich in der Gaststube des Brauereimuseums zu stärken.

Mitte rechts und unten links:
Hopfen aus der Hallertau gilt nach wie vor als der Welt bestes Ausgangsmaterial für Bier. Während früher mit der Hand gepflückt wurde, übernehmen längst Maschinen – wie hier in Hörgertshausen – diese mühselige Arbeit.

Unten rechts:
Das alte Sudhaus der Schlossbrauerei zu Au (Hallertau) wird heute als origineller Gastraum genutzt.

Oben:
In Mariabrunn (Dachauer Land). Um alle bayerischen Biergärten kennen zu lernen, bräuchte man wahrscheinlich mehrere Leben.

Links:
Der schöne Kreuzgang des Domes „St. Salvator, Unsere Liebe Frau und St. Willibald" in Eichstätt stammt aus der Zeit der Spätgotik.

Seite 78/79:
Wie aus einer anderen Welt: Blick aus der Tegelbergbahn auf das nebelumwallte Schloss Neuschwanstein.

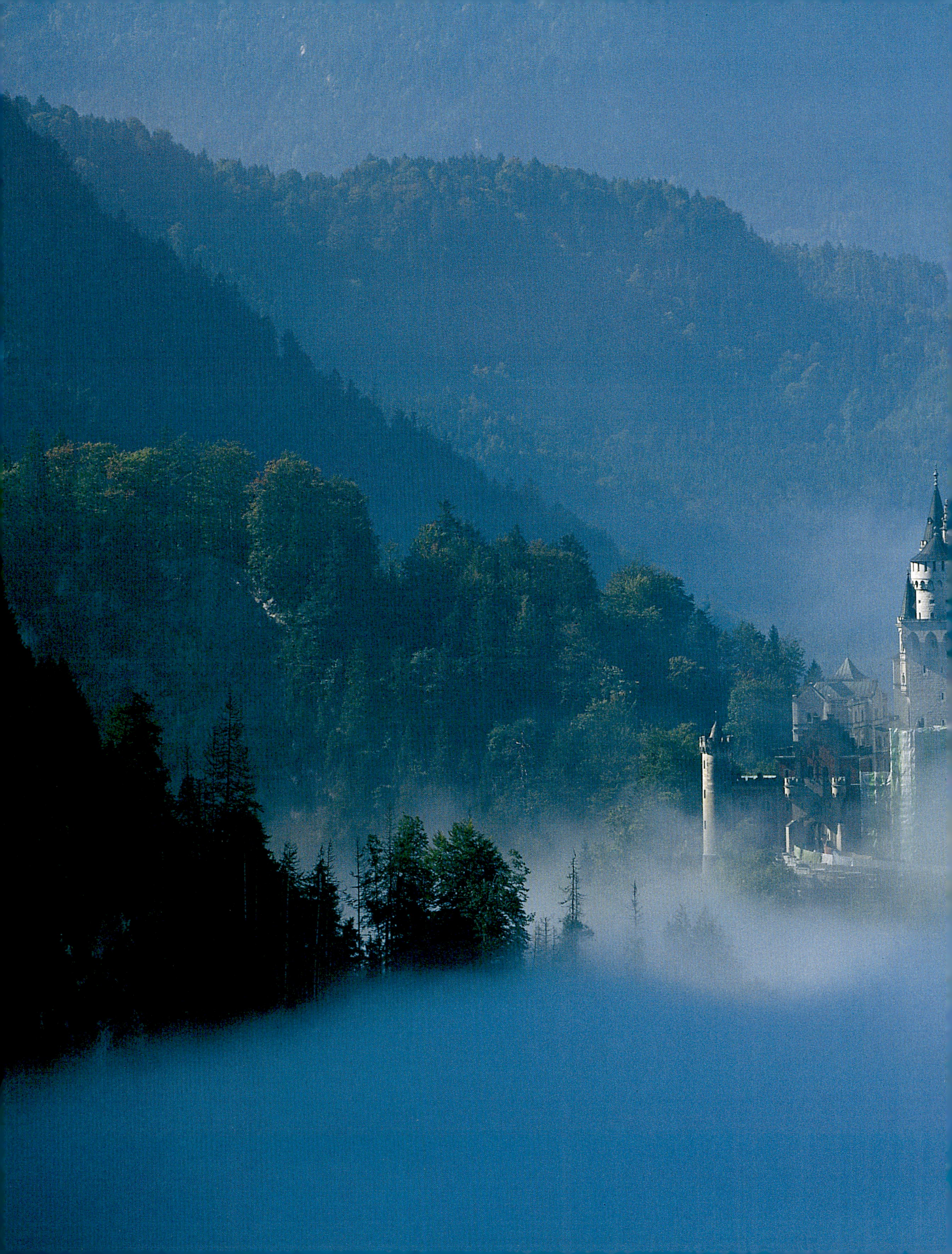

MÄRCHEN STERBEN NIE –
KÖNIG LUDWIG II. VON

Rechts:
Dieses Porträt des Fotografen Joseph Albert entstand im Jahre 1833 und ist eine der letzten Aufnahmen von Ludwig II.

Unten:
Die Aufnahme von 1886 zeigt den im byzantinischen Stil ausgestatteten Thronsaal von Schloss Neuschwanstein.

Oben:
Der Sängersaal auf Schloss Neuschwanstein bezieht sich auf jenen sagenhaften Wettstreit, den die damals bekanntesten Minnesänger auf der Wartburg ausgetragen haben sollen.

Am Pfingstsonntag 1886, als der König, der ein paar Tage vorher entmündigt und auf Schloss Berg am Starnberger See interniert worden war, in Begleitung seines Irrenarztes Dr. Gudden einen abendlichen Spaziergang unternahm, war der Himmel verhangen. Ab und an regnete es. Vier Stunden später fand man beider Leichen am Ufer des Sees. Dort aber war das Wasser so flach wie vieles, was man von offiziöser Seite über den Tod des Monarchen verbreitete.

König Ludwig II. von Bayern wurde 1845 als Sohn des Kronprinzen Maximilian und einer preußischen Prinzessin geboren. Nach dem Tod seines Vaters musste er mit gerade einmal achtzehn Jahren die Regierung übernehmen. Immerhin bescheinigte ihm ausgerechnet der preußische Reichskanzler Bismarck, dass er „besser als seine Minister" zu regieren verstünde, und machte ihn zum Hauptakteur seines Reichs-Spieles: Ludwig hatte, stellvertretend für die deutschen Fürsten, dem preußischen König die Kaiserkrone anzutragen. Dass er dem letzten Akt dieser Groteske seine Mitwirkung verweigerte und der Krönungszeremonie zu Versailles demonstrativ fern blieb, beweist, wie leid ihm seine von der neuen Großmacht bestimmte Rolle war. So schockierte er seinen Hofrat mit der Forderung, „nicht mehr von Politik zu sprechen, bis Majestät um etwas fragen".

PFORTE IN EINE ANDERE WELT

Vermutlich wäre er schon an diesen Realitäten zugrunde gegangen, hätte er nicht eine Pforte in eine andere, märchenhafte Welt gefunden, wo er

BAYERN

Mitte:
Der schönste Blick auf Schloss Neuschwanstein eröffnet sich von der Marienbrücke aus, die in Schwindel erregender Höhe die Pöllatschlucht überquert.

Links:
Ludwig II. im Jahre 1867. Damals, drei Jahre nach seiner Thronbesteigung, war er gerade einmal 22 Jahre alt.

Unten:
Das königliche Speisezimmer auf Neuschwanstein ist mit Gemälden geschmückt, die der Dichtung des Mittelalters gewidmet sind.

nach seinen Regeln Regent sein konnte. Sein großes Vorbild war der französische „Sonnenkönig" Ludwig XIV. Doch bei dem Versuch, es diesem nachzutun, übersah er nichts Geringeres als die Finanzen. So nahm das Unheil seinen Lauf. Unter dem Vorwurf, das Land zu ruinieren, ließ man ihn für unheilbar verrückt erklären.

Ludwigs bleibendes Vermächtnis sind seine Schlösser. Obwohl er die Ruine Vorderschwangau zunächst nur in eine kleine Raubritterburg verwandeln wollte, geriet sie zu einer monumentalen romantischen Inszenierung. Im Gegensatz dazu wirkt Schloss Linderhof eher bescheiden und privat. Und der Park zielt eher auf den persönlichen Disput des Königs mit fremden Kulturen und Mythen als auf Öffentlichkeit. Nachdem sich die Schlosstore hinter dem Monarchen geschlossen hatten, war dieser allein mit seiner Staffage. Auf der Herreninsel im Chiemsee wollte Ludwig ein „neues Versailles" entstehen lassen. 1878 erfolgte die Grundsteinlegung für das gewaltige Bauwerk, dessen Hauptfassade das Vorbild noch übertreffen sollte. Während der französische Dichter Paul Verlaine den Bauherren als „letzten wahren König des Jahrhunderts" feierte, hießen ihn andere einen geisteskranken Verschwender. Ludwig II. selbst hatte prophezeit, „ein ewig Rätsel zu bleiben".

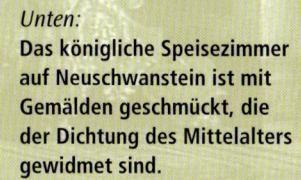

Die Berge liefern den Rahmen für die außerhalb Schwangaus stehende Wallfahrtskirche St. Koloman. Dieses Kleinod sakraler Baukunst wurde Mitte des 17. Jahrhunderts von Johann Schmuzer gebaut und liefert einmal mehr Zeugnis von der großen Meisterschaft der Wessobrunner Künstler.

Auf den Ruinen der alten Burg Schwanstein, die in staufischer Zeit bevorzugter Aufenthaltsort von Königen und Minnesängern gewesen war, ließ der damalige Kronprinz Maximilian Schloss Hohenschwangau errichten. Der von Josef Ohlmüller ausgeführte Bau im neugotischen Stil, für den der Theatermaler Domenico Quaglio die Entwürfe geliefert hatte, wurde 1837 vollendet.

Oben:
Das 1656 Meter hohe Imberger Horn schirmt Bad Oberdorf und Hindelang vor den Zweitausendern ab. Ungefähr vier Fünftel der Gemeindeflur sind als Landschafts- und Naturschutzgebiet ausgewiesen. Mit dem so genannten „Ökomodell Hindelang" wurden die Weichen für den sanften Tourismus gestellt.

Rechts:
Das 1833 Meter hohe Hochgrat in den wald- und mattenreichen Allgäuer Vorbergen ist Teil der Nagelfluhkette. Dass diese herrliche Gegend schon in früheren Zeiten die Menschen angezogen hat, beweist der bereits unter Karl dem Großen urkundlich erwähnte nahe gelegene Markt Oberstaufen.

Oben:
Im Allgäu kommen sowohl Bergwanderer als auch ausgesprochene Kletterfreaks auf ihre Kosten. Dabei gilt es bei manchen Bergtouren die eine oder andere Gratwanderung – wie hier am Fellhorn-Gipfel – zu bestehen.

Links:
Das zur Gemeinde Sulzberg gehörende Moosbach liegt malerisch am Rottachsee südwestlich von Kempten. In der Nähe der Ortschaft befindet sich ein großes Freizeitgelände.

Links oben:
Idealer Ausgangspunkt für eine Wanderung zum „Berghaus Schwaben" in den Allgäuer Vorbergen ist die Ortschaft Bolsterlang.

Links Mitte:
Musikanten aus Heimertingen geben ein Konzert auf dem 2224 Meter hohen Nebelhorn.

Links unten:
Alljährlich zu Pfingsten führt eine viel besuchte Trachtenwallfahrt von Nesselwang nach Maria Trost am Berg.

Unten:
Die Viehscheid im Herbst gehört zu jenen wichtigen Terminen im bäuerlichen Kalender des Allgäus, die auch für die Besucher interessant sind.

Rechts oben:
Das Nebelhorn eignet sich nicht nur gut zum Drachen- und Gleitschirmfliegen, sondern auch zum Tanzen. Das beweisen die jungen Leute der Walser Trachtengruppe.

Rechts Mitte:
Hochzeitspaar aus dem österreichischen Kleinwalsertal. Da das Hochtal praktisch nur von Deutschland aus zugänglich ist, gehört es auch zum deutschen Zoll- und Wirtschaftsgebiet.

Rechts unten:
Alm nahe Gunzesried. Ob es auf der Alm wirklich keine Sünde gibt, wie der Text eines Liedes behauptet, darf bezweifelt werden. Sicher indes ist, dass das Vieh viel Arbeit macht.

Unten:
Die Stadt Füssen liegt rund 800 Meter über dem Meer und ist nicht nur als Wintersportplatz bekannt, sondern auch im Sommer viel besuchtes Ziel. Bieten doch die umgebenden Berge und die nicht weit entfernten Schlösser Neuschwanstein und Hohenschwangau sowie der Forggensee (im Hintergrund rechts) vielfältige Freizeit- und Erholungsmöglichkeiten.

Rechts oben:
Kempten, die größte Stadt des Allgäus, blickt auf eine reiche Geschichte zurück, die mit den Kelten und Römern begann und mit der Ernennung zur Freien Reichsstadt und der Zeit als Residenz eines Fürstabtes ihre Fortsetzung fand. Das Rathaus stammt aus dem Jahre 1474.

Rechts Mitte:
Hindelang wurde bereits Ausgang des 12. Jahrhunderts urkundlich erwähnt. Der von etlichen Zweitausendern umgebene Sport- und Kurort darf sich Deutschlands höchstgelegener Schwefelquelle rühmen.

Rechts unten:
Obwohl Oberstdorf schon vorher zu den meist besuchten bayerischen Ferienorten gehört hat, wurde die Ortschaft im Jahre 2005 durch die Weltmeisterschaft in den Nordischen Skidisziplinen erst recht in aller Welt bekannt.

Oben:
Mindelheim, der Kreisvorort des Unterallgäus, wurde 1046 erstmals erwähnt und erhielt rund 100 Jahre später das Stadtrecht. Zu den vielen Sehenswürdigkeiten im historischen Zentrum gehören auch das Rathaus und das Obere Tor.

Rechts:
Steuerhaus, Rathaus und Großzunft in Memmingen. Die aus einem römischen Militärstützpunkt hervorgegangene ehemalige Freie Reichsstadt am Kreuzungspunkt der Salzstraße mit dem von Ulm nach Italien führenden Weg wurde im 12. Jahrhundert von den Welfen befestigt und besitzt viele sehenswerte historische Bauten.

Oben:
„Perle am bayerischen Bodensee" wird Wasserburg genannt. Herausragendes Architekturerbe sind das Fugger-Schloss aus dem 15. und die Pfarrkirche aus der Mitte des 17. Jahrhunderts.

Links:
Bühl am Großen Alpsee. Das größte natürliche Gewässer des Allgäus ist für Wassersportfreunde ein echtes Paradies.

VON FRANKEN NACH BAYERISCH SCHWABEN

Franken, so Goethe in seinem „Götz von Berlichingen" sei ein „gesegnetes Land". Und denen, die daran zweifeln sollten, bestätigt der Edelmann Weislingen im gleichen Stück: „Ich darf wohl sagen, mein Schloss liegt in der gesegnetsten und anmutigsten Gegend". Apropos Schlösser. Davon hat diese so vielfältige Landschaft mehr als genug. Die – gemessen an der Fläche – meisten in ganz Deutschland gibt es in der Fränkischen Schweiz. Und außerdem so viele Brauereien auf engstem Raum beieinander wie nirgendwo anders.

Das vor rund 200 Jahren hinzugewonnene Franken bildet den nördlichsten Part des Freistaates. Doch wenn solch Abstraktes wie „oben" und „un-

„Deutsches Jerusalem" wurde Rothenburg ob der Tauber im späten Mittelalter genannt. Die romantische Vorzeigestadt ist selbst für jene Touristen ein unbedingtes Muss, die nur ein, zwei Tage Zeit für Deutschland haben. Die den Tauberfluss überspannende Doppelbrücke im Vordergrund stammt von 1330.

ten" mit der Geografie zusammenkommen, gibt es auch im wohl geordneten Bayern Verwirrung. Geht doch derjenige, der Unterfranken im Süden sucht, ebenso in die Irre wie derjenige, der den Norden ausschließlich von Oberfranken besetzt glaubt. Und Mittelfranken ist alles andere als das geografische Zentrum des Landes.

Jedenfalls sitzt die oberfränkische Regierung in Bayreuth, das sie sich allerdings während der Festspiele mit Richard Wagner beziehungsweise den Liebhabern seiner Musik zu teilen hat. In den Schlössern und Gärten hingegen waltet der stille Geist der Markgräfin Wilhelmine, der Lieblingsschwester Friedrichs des Großen.

KAISERDOM UND KAISERBURG

Weltkulturerbe wiederum hat Bamberg zu bieten. Während der dortige Kaiserdom zu den bedeutendsten mittelalterlichen Bauwerken Deutschlands zählt, steht im mittelfränkischen Nürnberg das weltliche Gegenstück, die Kaiserburg. Sie zählte bis zum 16. Jahrhundert zu den beliebtesten und häufigsten Aufenthaltsorten der deutschen Regenten. Handel und Handwerk florierten und von dem Reichtum profitierten die Künste. Albrecht Dürer, Adam Kraft oder Veit Stoß waren entweder selbst Söhne dieser Stadt oder haben sie durch ihre Werke bereichert.

Oben:
Auf dem Kreuzberg. Wie die Legende weiß, soll hier einst St. Kilian mit seinen beiden Gefährten ein Kreuz errichtet und damit Frankens heiligem Berg zu seinem Namen verholfen haben. Böse Zungen behaupten, dass die daran anknüpfende Wallfahrt vor allem deshalb so beliebt sei, weil die Mönche des Franziskanerklosters ein überaus süffiges Bier brauen.

Rechts:
Im nordbayerischen Fichtelgebirge haben gleich vier große Flüsse ihren Ursprung. Neben der sächsischen Saale, den beiden Quellflüssen des Mains und der Fichtelnaab entspringt hier auch die Eger, deren Quelle 1923 gefasst wurde.

Wie Nürnberg ging auch Würzburg im Bombenhagel des Zweiten Weltkrieges unter. Inzwischen wurden beide Städte längst wieder aufgebaut. Doch während dort große Teile der historischen Bausubstanz rekonstruiert werden mussten, kann Rothenburg ob der Tauber noch stolz die Originale vorzeigen. So wurde die Stadt zum in der ganzen Welt bekannten Vorzeigestück.

Allerdings ist die Konkurrenz zweier anderer historischer Bilderbuchstädte groß. Im Gegensatz zu Dinkelsbühl, das sich noch an Franken klammert, gehört Nördlingen bereits zu jenem Teil des alten alemannischen Siedlungsgebietes, das vor rund 200 Jahren bayerisch wurde. Kaiser Ludwig dem Bayern ist jene vollständig erhaltene Wehrmauer zu verdanken, welche seit 1326 die ehemalige Freie Reichsstadt als fast exaktes Rund umläuft. Die mittelalterlichen Baumeister haben sich damals an die natürliche Vorgabe des Rieskessels gehalten, der einst durch einen riesigen vorzeitlichen Meteoriteneinschlag entstanden war.

KLEINSTÄDTISCHE PREZIOSEN

Weiter südlich, im Tal der Oberen Donau, laden einige kleinstädtische Preziosen zum Besuch ein. Dabei musste Donauwörth gleich mehrere Male zwischen einer schwäbischen und einer bayerischen, einer reichsstädtischen und einer nur landstädtischen Existenz wechseln. Während Dillingen vom 15. Jahrhundert bis 1803 Regierungssitz des Hochstiftes Augsburg war und eine eigene Universität besaß, wurde Lauingen, in dem mit Albertus Magnus (1193) einer der bedeutendsten Gelehrten des Mittelalters geboren wurde, von den Wittelsbachern zur zweiten Residenz ihres Fürstentums Pfalz-Neuburg erhoben. Neben diesen urbanen Schau-Stücken haben mit Donauried und Donaumoos noch zwei ursprüngliche Naturlandschaften die Eingriffe des Menschen überlebt.

Von hier ist es nicht mehr weit nach Augsburg, das schon zu Zeiten der Römer eine bekannte Großstadt gewesen ist und im Mittelalter an diese Tradition anknüpfen konnte. Sein „Goldenes Zeitalter" hatte Augsburg im 15. und 16. Jahrhundert, und von dessen architektonisch-künstlerischen Nachlass profitieren die vielen Besucher noch heute.

Links:
Der Frankoniabrunnen auf dem Würzburger Residenzplatz wurde 1894 von Ferdinand von Miller als Huldigungsgeschenk der Stadt zum 70. Geburtstag des Prinzregenten Luitpold errichtet. Die Figuren stellen Walther von der Vogelweide, Matthias Grünewald und Tilman Riemenschneider (im Bild) dar.

Unten:
Das Bilderbuchstädtchen Karlstadt hat nicht nur viele alte Häuser, Türme und Mauern zu bieten, sondern auch wohlfeile Restaurationen. Besonders originell ist der am Ende der Fußgängerzone gelegene Weinkeller „Beim Batzennärrle".

Links oben:
Das östlich von Nördlingen gelegene Städtchen Wemding verdankt seine Entstehung Karl dem Großen. Vom Abtbischof des Regensburger Klosters St. Emmeram ging es zunächst an die Grafen von Oettingen und dann – 1467 – an Bayern. Der schöne Markt wird von den beiden Türmen der im Ursprung romanischen Pfarrkirche St. Emmeram überragt.

Links Mitte:
Über 1000 Jahre hinweg war Donauwörth eine wichtige Zwischenstation für Handelsleute aber auch für Pilger, die aus dem Norden des Kontinents nach Rom zogen. Dieser früheren Bedeutung verdankt die an der Mündung der Wörnitz in die Donau gelegene Stadt ihren historischen Kern mit sehenswerten Kirchen und Bürgerhäusern.

Links unten:
Schloss Harburg über dem gleichnamigen Städtchen ging aus einer staufischen Burganlage hervor. Die heutigen Bauten stammen aus dem 14. bis 17. Jahrhundert.

Unten:
Blick auf Nördlingen von dem „Daniel" genannten Turm der Pfarrkirche St. Georg, einer der größten deutschen Hallenkirchen aus der Zeit der Spätgotik. Die heute noch begehbare Stadtmauer wurde zu Beginn des 14. Jahrhunderts errichtet.

Oben:
Der Goldene Saal des Augsburger Rathauses, den eine prächtige Decke krönt, gehört zu den glanzvollsten und originellsten weltlichen Zeugnissen der Renaissance in ganz Deutschland.

Rechts:
In Augsburgs Altstadt gibt es nicht nur viel zu sehen, sondern es ist dort auch gut einkehren. Dabei findet sich – trotz der vielen Besucher – immer wieder ein stilles Plätzchen abseits vom Rummel.

Zu den vielen Prachtbauten, die Elias Holl Augsburg geschenkt hat, gehören neben dem Roten Tor auch das zwischen 1615 und 1620 errichtete Rathaus und der benachbarte Perlachturm.

Ganz links:
Elias Holl lebte von 1573 bis 1646. Von 1602 bis zu seinem Tod war er Stadtbaumeister in Augsburg. Das Zeughaus wurde 1607 vollendet. Die Bronzegruppe des Erzengels Michael über dem Eingangsportal schuf Hans Reichle.

Links:
Der reich geschmückte Giebel dieses Gebäudes verweist auf einen hohen geistlichen Besitzer: Der Augsburger Fronhof diente ehemals den Bischöfen als Residenz.

GELDMACHER MIT SOZIALEM GEWISSEN –
DIE FUGGER

Oben:
Hans Maler schuf – 1525 – dieses Konterfei des Anton Fugger, das heute im Besitz der Karlsruher Kunsthalle ist.

Unten:
Im Alter von 58 Jahren ließ Markus Fugger von Jost Amman sein Konterfei in Holz schneiden (Kunstsammlungen der Veste Coburg).

Die Fugger stammen aus der Ortschaft Graben auf dem Lechfeld. 1368 kamen sie nach Augsburg, wo sie schon bald zu wohlhabenden Barchentwebern aufstiegen. Doch das war ihnen nicht genug. Im Gegensatz zu den vielen anderen, die von einem „Geldscheißer" träumten, fanden sie ihn. Sie erkannten die Zeichen der Zeit und nutzten die sich daraus ergebenden Chancen.

Dabei machten sich zwei namens Jakob besonders verdient. Der erste, Schwiegersohn des Augsburger Münzmeisters Bäsinger, beteiligte sich ab 1448 am Tiroler Silberbergbau. Später ging er zum Geldhandel über und verband ihn mit Warenspekulationen. Noch erfolgreicher betätigte sich sein Sohn, weshalb man ihn „den Reichen" nannte. In Venedig zum Kaufmann ausgebildet, holte er schon 1505 auf dem Seeweg Gewürze aus Ostindien und ließ sich diese von jenen, die sie sich leisten konnten, fürstlich entgelten. Auch Erze machte Jakob zu Geld. So baute er im damaligen Oberungarn, der heutigen Slowakei, den größten Kupferhandel der Welt auf und belieferte Krakau, Thorn, Venedig, Nürnberg, Regensburg und Antwerpen.

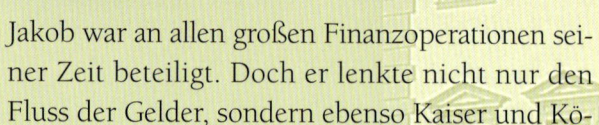

Jakob war an allen großen Finanzoperationen seiner Zeit beteiligt. Doch er lenkte nicht nur den Fluss der Gelder, sondern ebenso Kaiser und Könige. Maximilian I. pumpte er 70 000 Goldgulden. Außerdem verschaffte er ihm 170 000 Dukaten in Wechseln, womit der Kaiser Krieg gegen Venedig führen konnte. Kein Wunder, dass dieser so oft in Augsburg aufkreuzte. Als es um die Nachfolge Maximilians ging, betätigte sich Jakob als Kaisermacher. Sein Geld verhalf Karl V. auf den Thron. Dieser revanchierte sich, indem er ihn in den Adelsstand erhob und seine Nachkommen zu Reichsgrafen machte.

Links:
Ein Mann, der weiß, was er wert ist: Christoph Fugger, gemalt von dem Augsburger Christoph Amberger im Jahre 1541.

Oben links:
Auch der Nürnberger Hans Sebald Beham porträtierte Jakob Fugger. Sein Holzschnitt von 1525 gehört zu den Sammlungen des Dresdner Kupferstichkabinetts.

Mitte:
Die Wohnungen in den zweigeschossigen Reihenhäusern der Fuggerei umfassen drei Zimmer nebst Küche mit zusammen rund 60 Quadratmetern.

Links:
Um 1519 malte Albrecht Dürer dieses Porträt des Jakob Fugger, das heute in der Augsburger Staatsgalerie gezeigt wird.

FREUND UND FÖRDERER DER HUMANISTEN

Trotz des vielen Geldes, das Jakob anhäufte, verlor er anderes Wichtige nicht aus den Augen. So machte sich der strenggläubige Katholik als Freund und Förderer der Humanisten, die den „studia humana", also den menschlichen Wissenschaften, den Vorrang vor den göttlichen gaben, verdient. Bedürftige Menschen standen im Mittelpunkt eines – typisch Fugger – alle Maßstäbe sprengenden sozialen Projektes, das Jakob und seine beiden Brüder im Jahr 1516 auf den Weg brachten. Sie stellten „fleißigen, doch armen Mitbürgern" 106 Behausungen mit allem Zubehör zur Verfügung. Löhnen mussten diese mit einem eher symbolischen Gulden sowie einem täglichen Gebet für die Stifter. Die Fuggerei gibt es noch heute – was beweist, dass sie ihrer Zeit weit voraus war, und wie wichtig es ist, Geld nicht nur für den Profit, sondern auch für die Menschen arbeiten zu lassen. Neben dieser berühmten Sozialsiedlung gehören die Paläste in der Maximilianstraße sowie die Grabkapelle in der Annakirche zum sehenswerten augsburgischen Erbe der Fugger.

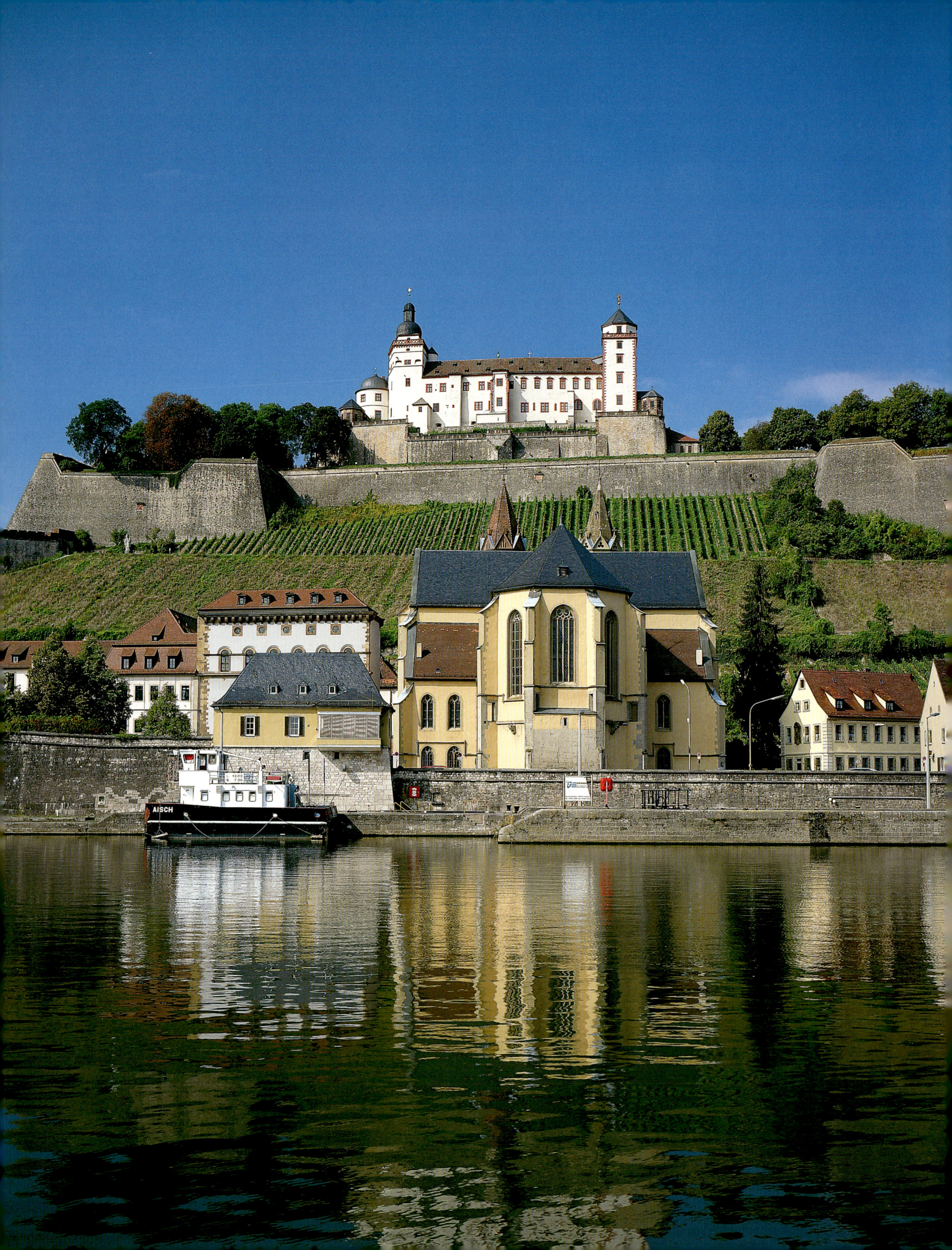
AISCH

Linke Seite:
Blick über den Main auf die Festung Marienberg, das Wahrzeichen Würzburgs. Einst Zentrale bischöflicher Macht, haben dort heute unter anderem Museen ihren Sitz. Glanzstück des Mainfränkischen Museums sind die Bildwerke Tilman Riemenschneiders. Das Fürstenbau-Museum gewährt Einblick in die Stadtgeschichte und die Wohnwelt der Fürstbischöfe.

Von der Festung Marienberg bietet sich ein einzigartiger Blick über den Main und die Altstadt von Würzburg, aus deren rotem Dächermeer zahlreiche Kirchtürme emporstreben. Seit dem Mittelalter verbindet die Alte Mainbrücke die beiden Seiten des Flusses; sie ist mit 12 Heiligenfiguren aus dem 18. Jahrhundert versehen.

Würzburg ist eine Stadt der Türme, von links nach rechts sind folgende zu sehen: Turm und Kuppel des Neumünsters, der Rathausturm, Grafeneckart genannt, im Hintergrund die spitzen Türme der Kirche St. Johannis und schließlich der Höhepunkt, die vier Türme des Doms. Die Domfassade wurde 2007 erneuert und gab dem Kiliansplatz ein neues Gesicht.

Unten:
Die Festung Marienberg geht auf ein Kastell mit einer Marienkapelle zurück, das Herzog Hetan II. um 700 errichten ließ. Im 13. Jahrhundert nahmen die Würzburger Bischöfe von dem Berg Besitz. Erst den Schweden gelang es im Dreißigjährigen Krieg, die mächtige Burg einzunehmen.

Unten:
Der Würzburger Marktplatz bietet gleich zwei herausragende Architekturdenkmäler. Die hochgotische Marienkapelle, für deren Südportal Tilman Riemenschneider die herrlichen Figuren von Adam und Eva aus dem Stein gehauen hat, war ursprünglich Pfarrkirche des Bürgertums. Die überreich stuckierte Fassade des benachbarten Falkenhauses entstand 1751.

Rechts:
Die ehemalige Residenz der Würzburger Fürstbischöfe wurde bereits 1981 zum UNESCO-Weltkulturerbe erklärt. Unbestreitbares Prunkstück des maßgeblich von Balthasar Neumann konzipierten riesigen dreiflügeligen Baues ist das überwölbte Treppenhaus mit dem von Tiepolo geschaffenen Deckengemälde.

Rechts:
Unter Einbeziehung einer älteren Wallfahrtskapelle errichtete Balthasar Neumann zwischen 1747 und 1750 auf dem der Würzburger Festung gegenüber liegenden Nikolausberg eine Maria geweihte Kirche. Das von den Würzburgern liebevoll „Käppele" genannte Gotteshaus grüßt mit seiner grazilen Doppelturmfassade das Maintal.

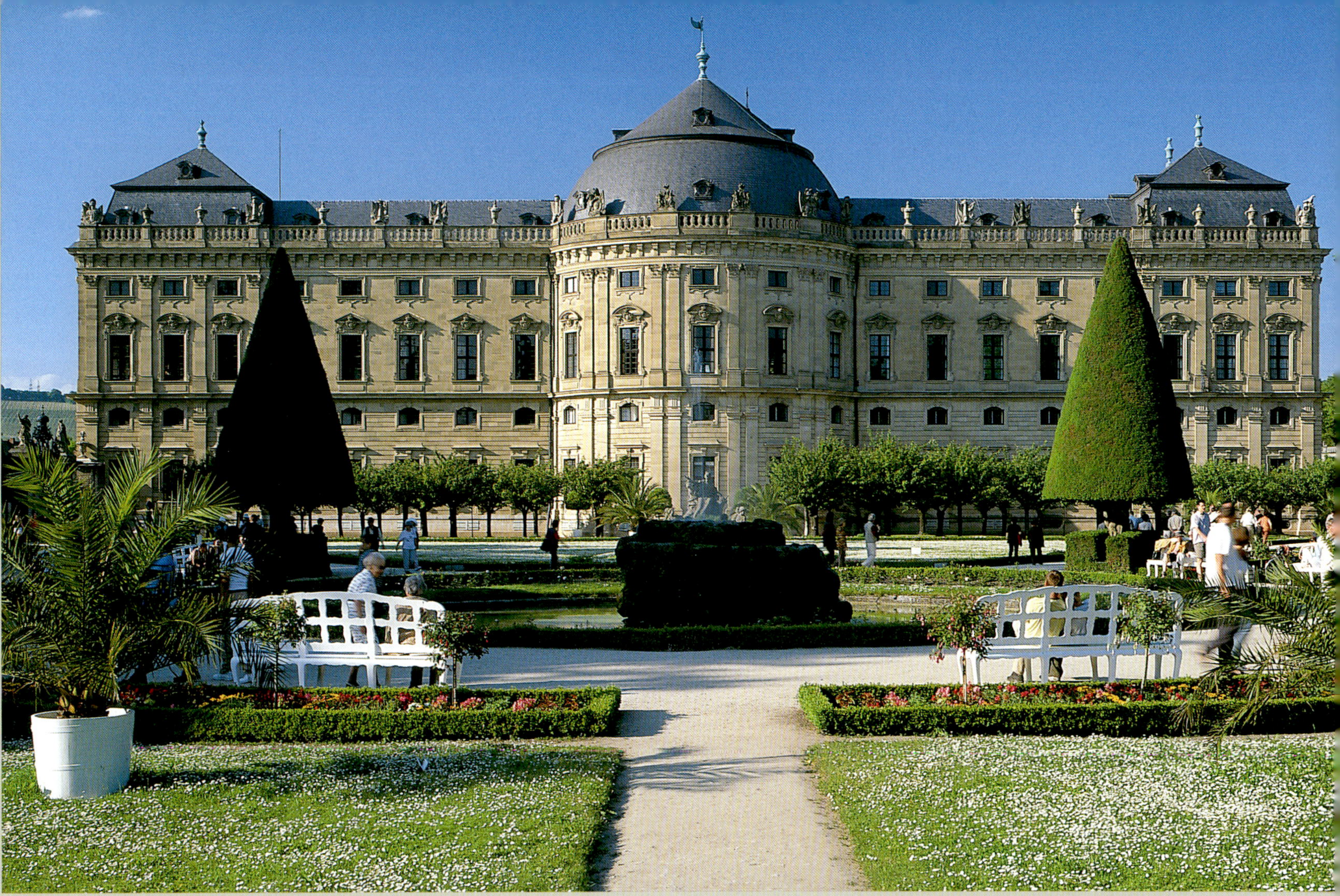

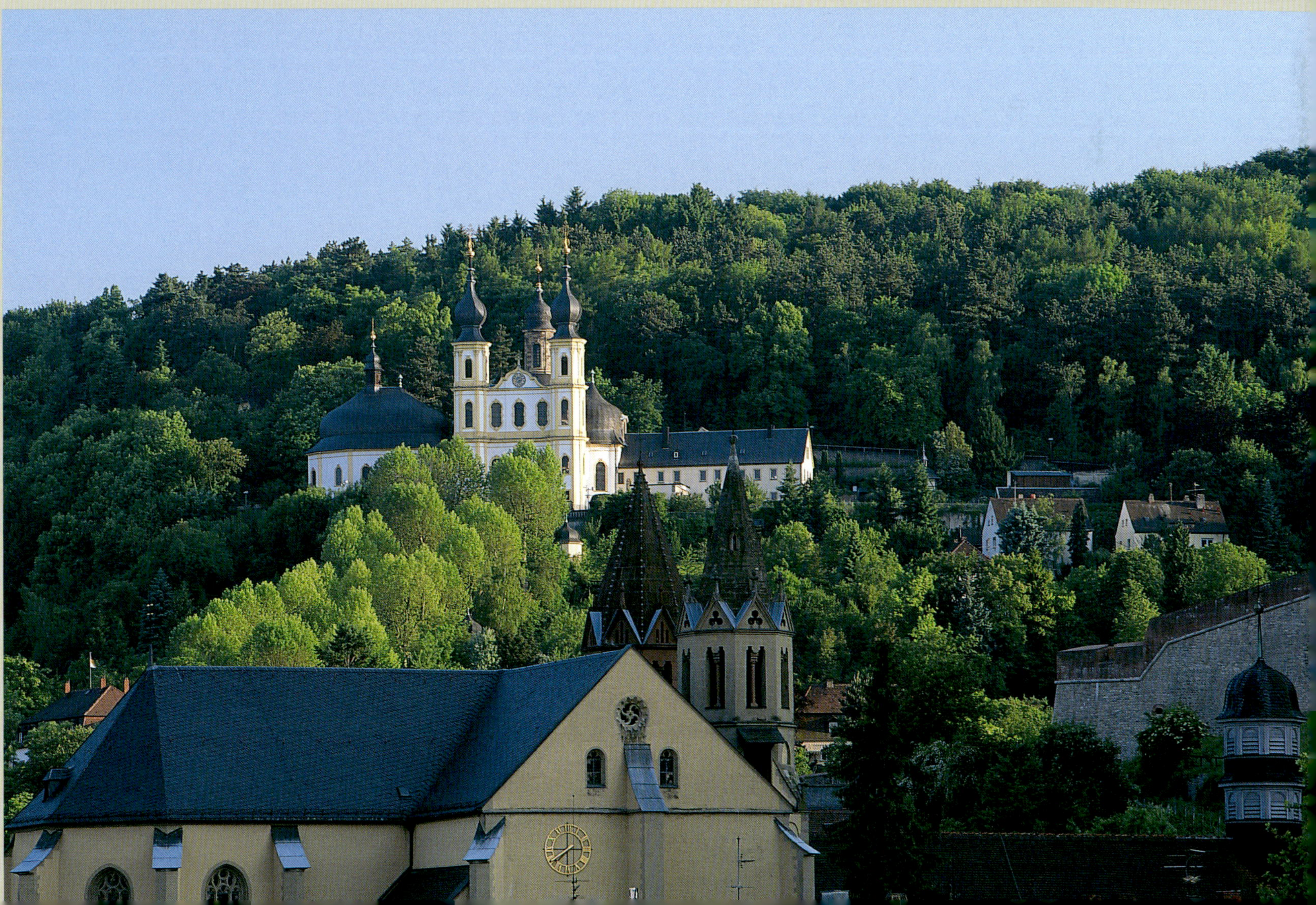

Unten:
Das überaus sehenswerte Städtchen Karlstadt geht auf den Würzburger Bischof Konrad von Querfurt zurück, der um 1200 gegenüber der heutigen Ruine Karlburg eine Siedlung gründete. Deren schachbrettartige Straßenführung innerhalb eines abgerundeten Rechteckes war den Festungen der Kreuzfahrer im Heiligen Land abgeschaut und garantierte eine optimale Verteidigung.

Rechts oben:
Das sich „Tor zum Spessart" nennende Lohr wurde 1296 erstmals erwähnt und war bis Mitte des 16. Jahrhunderts Residenz der Grafen von Rieneck, deren qualitätvolle Grabmäler man noch in der heutigen katholischen Pfarrkirche St. Michael bewundern kann.

Rechts Mitte:
Eines der meist fotografierten Motive Mainfrankens ist das Rödelseer Tor in Iphofen. Der pittoreske Wehrbau, dem stadtauswärts ein Zwinger vorgelagert ist, wurde im 15. Jahrhundert errichtet und ist eines von drei Stadttoren, die den Mauerring durchbrechen.

Rechts unten:
Zu den urbanen Kleinoden am Main zählt auch Marktbreit. Das Städtchen gehörte nicht dem Würzburger Hochstift, sondern war zunächst im Besitz derer von Seinsheim und dann der Fürsten von Schwarzenberg. Das Seinsheimer Schloss in der Ortsmitte wurde im Stil der Renaissance errichtet.

Oben:
Das fränkische Märchenschloss heißt Mespelbrunn und liegt in den Wäldern des Spessarts verborgen. Hier wurde 1573 Julius Echter geboren, der als Fürstbischof von Würzburg nicht nur ein berühmtes Spital gegründet, sondern auch – mit Flamme und Schwert – die Gegenreformation eingeleitet hat.

Rechts:
Auch wenn das berüchtigte Wirtshaus im Spessart nicht mehr steht, ist diese zu den größten zusammenhängenden Waldgebieten Deutschlands zählende Mittelgebirgslandschaft noch immer voller Geheimnisse. Die ursprünglich dominierende Eiche ist inzwischen von der Rotbuche verdrängt worden.

Links:
Schloss Johannisburg in Aschaffenburg, ein aus rotem Sandstein errichteter gewaltiger Vierflügelbau, entstand zwischen 1607 und 1614 nach Plänen des Elsässer Baumeisters Georg Ridinger. Der zu den großartigsten Renaissanceschlössern im Land zählende ehemalige Sommersitz der Mainzer Kurfürsten und Erzbischöfe wurde nach schweren Schäden im Zweiten Weltkrieg wieder hergerichtet.

Unten:
Bad Brückenau verdankt seine Blüte dem bayerischen König Ludwig I., der den Ort innerhalb von 44 Jahren gleich sechsundzwanzig Mal mit seiner Anwesenheit beehrt und ihn dadurch zur heimlichen Sommerhauptstadt des Landes gemacht hat. Wohn- und Regierungssitz war damals der Fürstenhof, der den Kurpark bergseitig begrenzt.

Unten:
Am Klingenberger Roten, so Friedrich Rückert in einem leidlich gelungenen Reim, könne man sich zu Tode trinken. In der Tat wächst auf den steilen, sich vor dem Main verneigenden Rebhängen ein gar köstlicher Tropfen des in Franken ziemlich selten angebauten Rotweins. Der Name des Ortes kommt übrigens von der alten Clingenburg, die nur als Ruine erhalten geblieben ist.

Rechts oben:
Keimzelle von Amorbach war ein bereits im 8. Jahrhundert errichtetes Kloster, dessen von Maximilian von Welsch errichtete barocke Kirche die Besucher noch heute begeistert.

Rechts Mitte:
Die Mainschleife um Volkach bereitet nicht nur dem Auge, sondern auch dem Gaumen Freude. Hat doch hier der Weingott Bacchus seine größte bayerische Dependance. Zu den empfehlenswerten Restaurationen gehört das Hotel „Behringer" am Markt mit seinem lauschigen Hof.

Rechts unten:
Der Marktplatz von Miltenberg zählt zu den schönsten und bekanntesten Deutschlands. Herrliche Fachwerkhäuser gruppieren sich um einen aus rotem Sandstein gehauenen Brunnen, über dem die allegorische Figur der Gerechtigkeit thront.

MAINFRANKEN – WEINFRANKEN

Des Frankenweines erstes Lob kam von der gelehrten Hildegard von Bingen, die ihm vor über 800 Jahren mehr heilende Wirkung als allen anderen Weinen bestätigte. Um 1650 wurde die Güte des Frankenweines gar sprichwörtlich. Von den berühmtesten drei deutschen Weinorten wusste man gleich zwei in Franken:

Zu Würzburg am Stein,
Zu Klingenberg am Main,
Zu Bacharach am Rhein,
Da wächst der beste Wein.

Ungefähr 150 Jahre später outete sich Herr Goethe als prominenter Liebhaber des hiesigen Rebensaftes. Seine besondere Neigung galt dem oben erwähnten Würzburger Steinwein und dem Escherndorfer, die er sich nach Weimar expedieren ließ.

Doch nicht nur die Qualität, sondern auch die Menge des in Franken erzeugten Weines setzte lange Zeit Maßstäbe. Die Anbaufläche war ungefähr siebenmal so groß wie heute. Sie umfasste rund 40 000 Hektar und reichte bis an den Obermain. Gott Bacchus hatte damals nicht in Rheinhessen oder der Pfalz, sondern in Franken seinen deutschen Hauptsitz. Erst später ist sein dortiges Terrain auf rund 6000 Hektar zusammengeschrumpft.

Ein edler Gaumenschmeichler ist der Frankenwein bis heute geblieben. Auf Keuper, Muschelkalk, Buntsandstein und Urgestein reifen neben etwas Roten (Burgunder, Portugieser, Schwarzriesling, Domina und Dornfelder) die Weißen: Müller-Thurgau, Grauer Burgunder, Riesling, Kerner, Traminer, Perle, Bacchus, Scheurebe, Rislaner, Ortega und natürlich Silvaner. Letzterer macht sich auf circa einem Fünftel der Anbaufläche breit und galt lange Zeit als eine fränkische Züchtung.

Oben:
Weinfest in Sulzfeld. Obwohl es mehr als genug Weinfeste in Mainfranken gibt, brauchen sie sich allesamt über mangelnden Zuspruch nicht zu beklagen.

Rechts:
Ein besonderes Erlebnis sind Führungen durch den Weinkeller des Würzburger Juliusspitals, das zu den ersten Wein-Adressen in Franken zählt.

Ortschaften mit klangvollen Namen säumen als schier endlose Traubengirlande den Main. Und dessen übermütiger Eskapade bei Volkach – sprich: Flussschleife – klatschen gleich 40 Prozent aller fränkischen Reben Beifall. Auf den vielen Weinfesten, die vom Frühsommer bis in den späten Herbst hinein gefeiert werden, erklingen die Becher und die Loblieder auf den köstlichen Trunk. Deftige Brotzeiten kommen da gerade recht. Wer es etwas ruhiger will, komme im Frühjahr und vermähle Spargel und Wein. Oder in jenen Monaten mit einem „R" im Namen. Sie sind des Main-Wallers (Wels) Zeit und man ehrt den edlen Fisch am besten mit einem trockenen Silvaner.

Doch nicht nur den Main, sondern auch die Sonnenhänge des Steigerwaldes hat sich der Wein erobert. Neben den Gaumenfreuden gibt es hier gleich mehrere traumhafte Ortsbilder mit altfränkischem Antlitz. Und über allem wacht, den breiten Fuß zwischen den Reben, der Schwanberg. Die Legende weiß, dass hier oben einst geheimnisvolle Jungfrauen hausten, die sich Federkleider anlegten und dem Himmel sehr nahe kamen.

Unverkennbares Markenzeichen der fränkischen Weine ist die typische Bocksbeutel-Flasche, deren Herkunft umstritten ist.

Links:
Ein besonders wichtiges Datum im Jahr des Winzers ist die Lese. Entscheiden sich doch dabei schon Quantität und Qualität des künftigen Weines.

Mitte:
Aus Iphofen, wo gleich mehrere renommierte Winzer beheimatet sind, stammte auch der Krönungswein für die englische Königin Elisabeth.

Unten:
Angesichts der Anstrengungen bei der Weinlese schmeckt die Brotzeit mitten zwischen den Rebstöcken umso besser.

Oben:
Unter der Vielzahl der malerischen Winkel von Rothenburg ob der Tauber gilt das so genannte „Plönlein" – mit den beiden hohen Tortürmen im Hintergrund – als einer der schönsten.

Rechts:
Das spätmittelalterliche Stadtjuwel Dinkelsbühl, dessen Altstadtbebauung zum größten Teil älter als 400 Jahre ist, wuchs aus einem karolingischen Königshof. Das alljährliche Historienspiel der „Kinderzeche" erinnert an die schwedische Besetzung im Dreißigjährigen Krieg.

Links:
In der Rothenburger Stadtpfarrkirche St. Jakob findet sich eines der Hauptwerke Tilman Riemenschneiders. Zentraler Blickfang des Heiligblutaltars, der aus dem Anfang des 16. Jahrhunderts stammt, ist die Abendmahlsszene im Mittelschrein.

Unten:
Zu den alljährlichen Reichsstadt-Festtagen im September verwandelt sich ganz Rothenburg ob der Tauber in eine große Bühne, auf der die verschiedensten Ereignisse und Episoden aus der bewegten Stadtgeschichte zur Aufführung kommen.

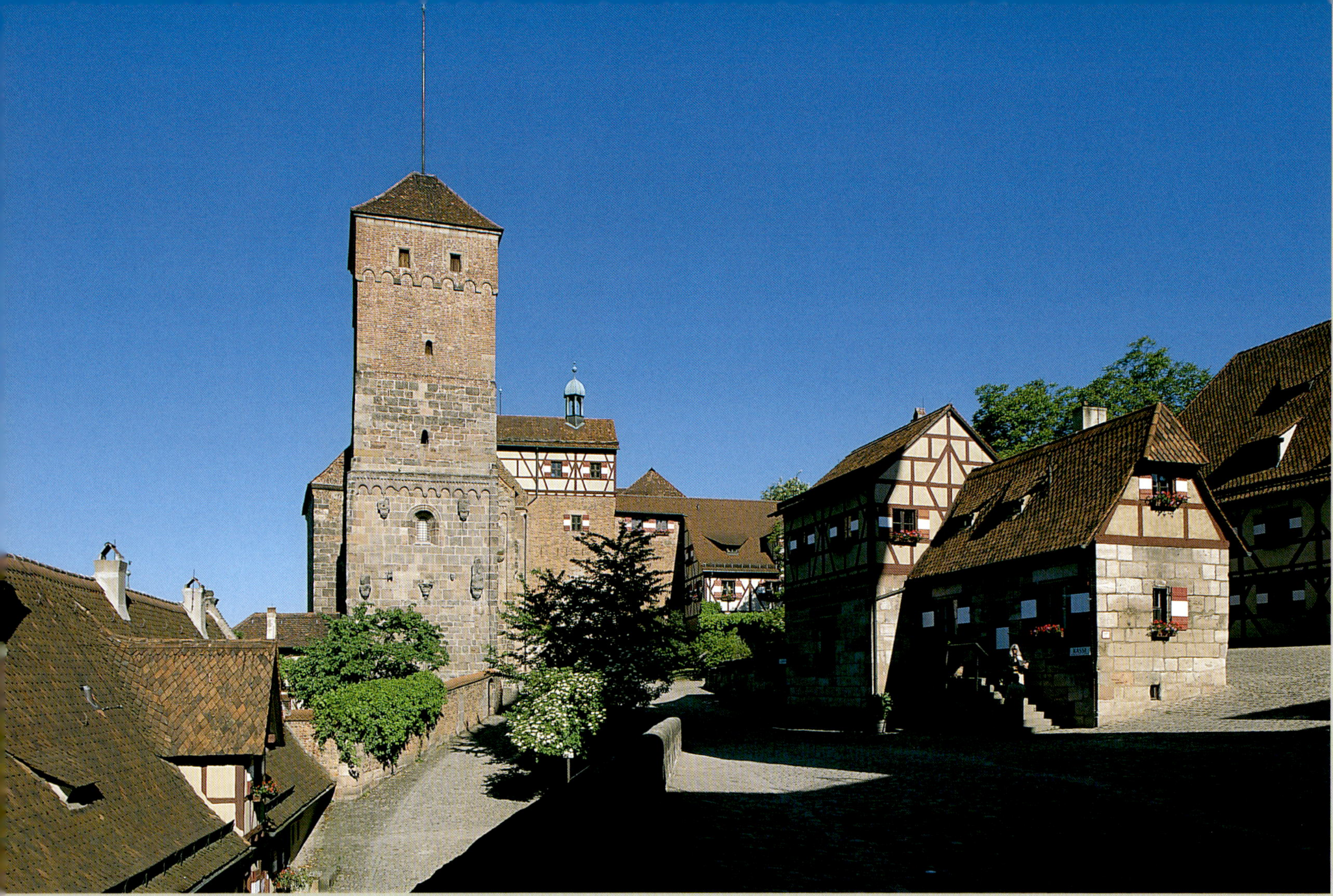

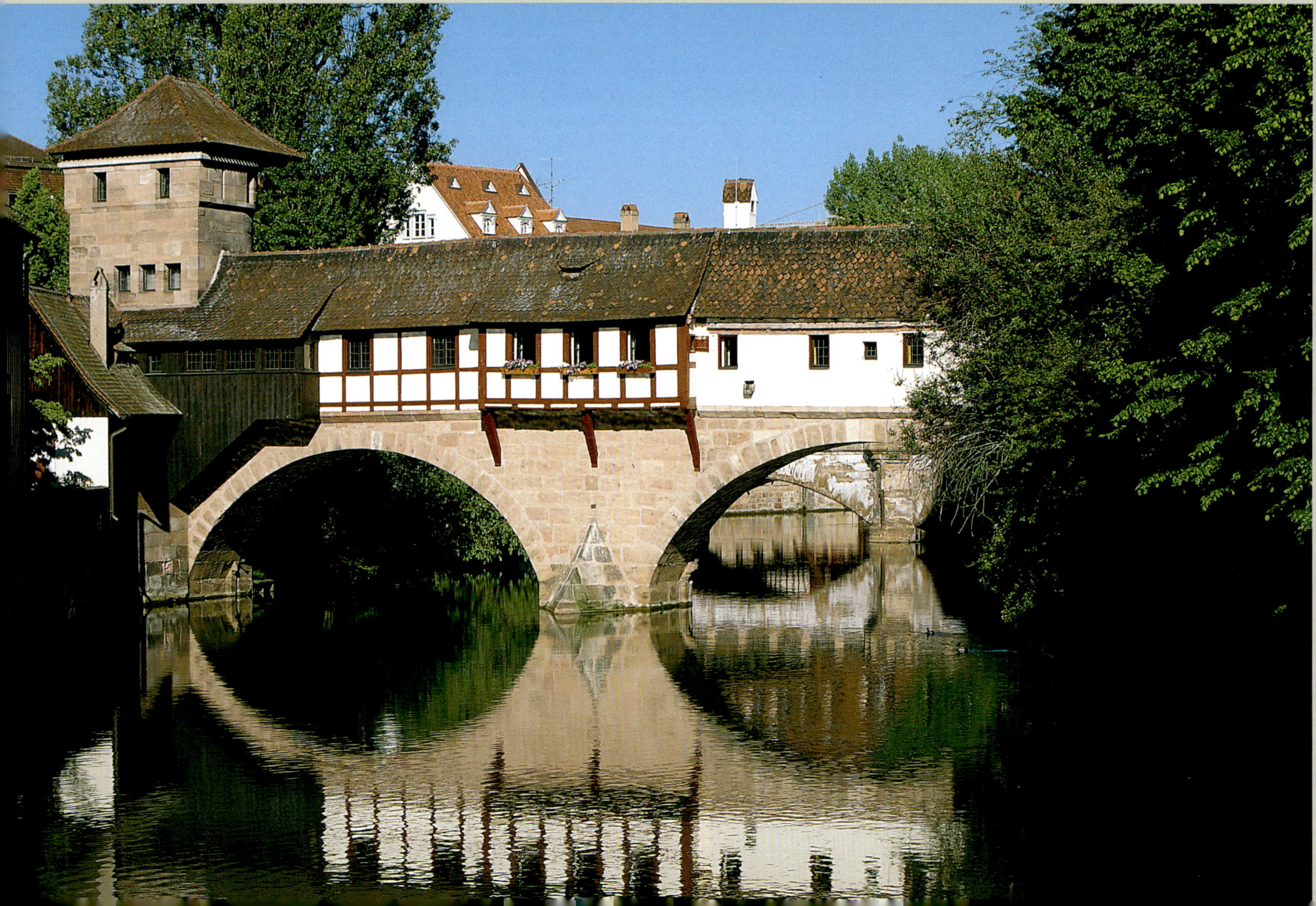

Links:
Die staufische Kaiserburg, der älteste und repräsentativste Teil der ausgedehnten Nürnberger Burganlage, ist eng mit Kaiser Friedrich II., dem Enkel Barbarossas, verknüpft, welcher der Stadt im Jahre 1219 die Reichsunmittelbarkeit verliehen hat.

Unten:
So groß die Nürnberger Burg auch ist, so klein wurde das Tor gehalten. Die Mächtigen dieser Zeit hatten allen Grund, sich einzuigeln. Ihre Angst galt allerdings weniger den besitz- und rechtlosen Massen, sondern ihresgleichen.

Unten:
Jörg Heuß heißt der Schöpfer der berühmten Kunstuhr am Westgiebel der Nürnberger Frauenkirche. Dort kann man – seit 1509 – tagtäglich Schlag 12 Uhr zuschauen, wie beim so genannten „Männleinlaufen" die sieben Kurfürsten dem Kaiser huldigen.

Links:
Nürnberger Altstadtromantik: Nahe dem alten Siechenhaus für die Aussätzigen, das ab 1528 als Weinstadel Verwendung gefunden hat, führt der Henkersteg über die Pegnitz.

Oben:
Der Hugenottenbrunnen im Erlanger Schlosspark erinnert daran, dass im Jahre 1686 Markgraf Christian Ernst von Brandenburg-Bayreuth französische Glaubensflüchtlinge in sein Land einlud, denen er südlich des kleinen Landstädtchens Erlang eine neue Siedlung errichten ließ. Erst 1812 wurden das alte Erlang und das neue „Christian-Erlang" zu Erlangen zusammengeschlossen.

Rechts:
Obwohl vermutlich schon im 8. Jahrhundert gegründet, datiert die erste Erwähnung Fürths – der Name verweist auf Furten an Pegnitz und Regnitz – aus der Zeit Kaiser Heinrichs II. Die Wiege der Stadt stand in der Umgebung der Michaelskirche. Der Gauklerbrunnen auf dem Marktplatz wurde 2004 errichtet.

Oben:
In der vom Barock geprägten Altstadt Ansbachs genießt man den Sommer im Freien. Die Regierungshauptstadt von Mittelfranken wurde von den Markgrafen von Brandenburg-Ansbach geprägt, die hier mehr als 300 Jahre ihren Sitz hatten.

Links:
Erlangens Bergkirchweih gilt als schönstes Volksfest Nordbayerns. Sie beginnt seit Mitte des 18. Jahrhunderts jeweils am Donnerstag vor Pfingsten und dauert zwölf Tage. Sogar die Universität stellt dann eine Woche lang den Lehrbetrieb ein, so dass Professoren und Studenten genug Zeit haben, sich auf den Bierkellern, wie in Ober- und Mittelfranken die Biergärten heißen, zu verlustieren.

Rechts:
Feuchtwangen blickt auf eine tausendjährige wechselvolle Geschichte zurück. Angesichts des prächtigen Marktplatzes der Stadt geriet sogar der in seinem Urteil eher zurückhaltende berühmte Kunsthistoriker Georg Dehio ins Schwärmen. Für ihn war er der „Festsaal Bayerns".

Unten:
Die an diesem Abschnitt des Flusses besonders starke Strömung der Pegnitz lieferte Lauf nicht nur den Namen, sondern bestimmte auch dessen frühe Entwicklung. Das Städtchen war für seine vielen Mühlen und Hammerwerke bekannt.

Oben:
Das kleine mittelfränkische Abenberg wird von einer mächtigen Burg überragt. Sie wurde im 13. Jahrhundert von den Hohenzollern auf den Mauern einer älteren Anlage errichtet, die durch Wolfram von Eschenbach und den geheimnisumwobenen Sänger Tannhäuser Eingang in die mittelalterliche Dichtung gefunden hat.

Links:
Wahrzeichen von Weißenburg, das durch den Fund des spektakulären Römerschatzes im Jahre 1979 weithin bekannt wurde, ist das Ellinger Tor. Im 14. Jahrhundert entstanden, gehört es zur gut erhaltenen alten Stadtbefestigung, die noch heute das historische Zentrum umgibt.

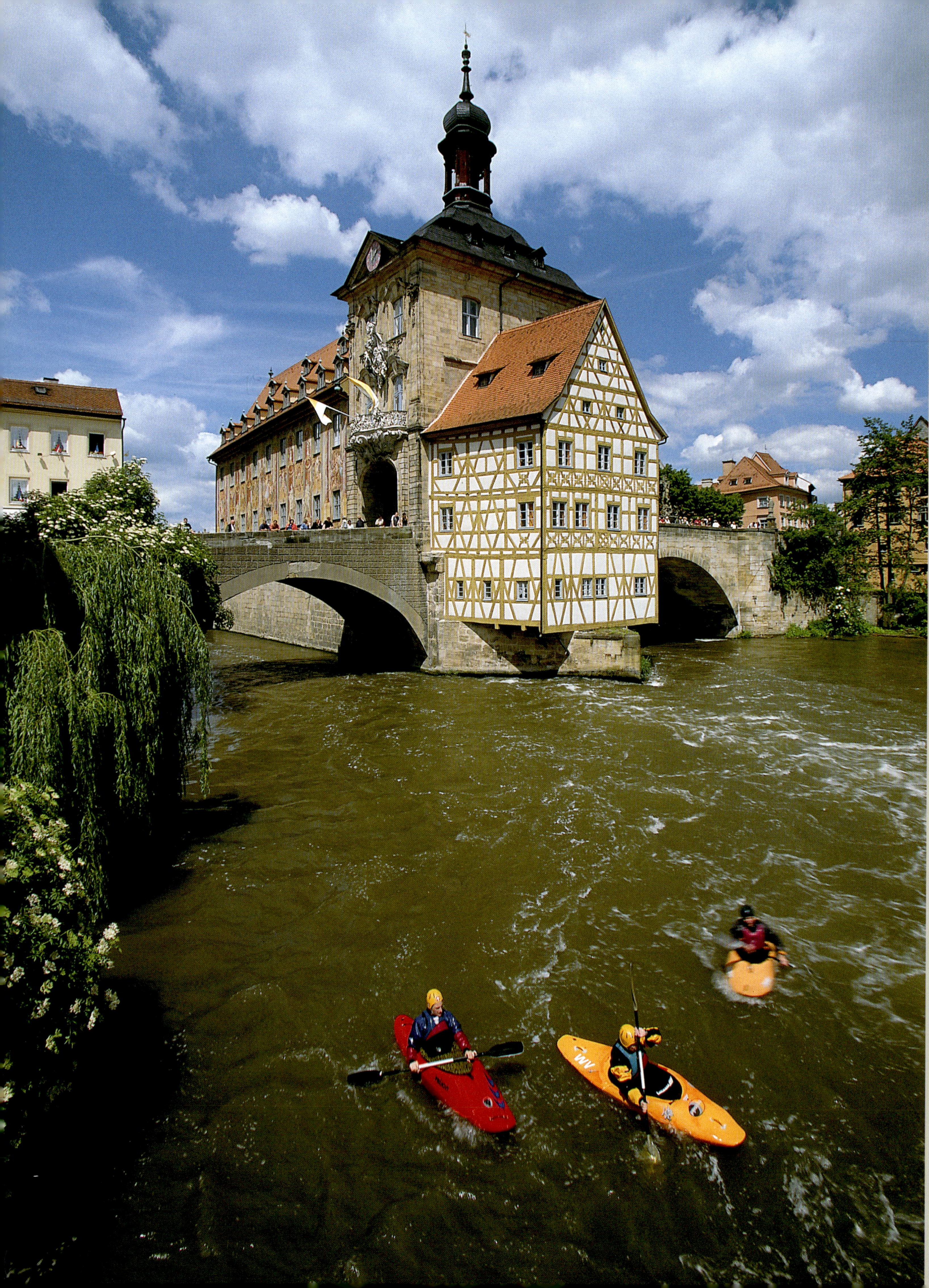

Ganz links:
Der wohl um 1235 aus dem Stein geschlagene Bamberger Reiter zählt zu den berühmtesten Werken großer europäischer Bildhauerkunst. Gleichwohl kennt man bis heute weder den Künstler, der ihn erschaffen hat, noch die Person, die er darstellen soll.

Links:
Hinter der Neuen Residenz, die Johann Leonhard Dientzenhofer für Fürstbischof Lothar Franz von Schönborn baute, versteckt sich ein herrlicher Rosengarten. Dort liegt einem Bambergs Altstadt zu Füßen. Und wenn man den Kopf wendet, hat man einen schönen Blick auf das ehemalige Kloster St. Michael.

Bamberg ist nicht nur Kunst- und Bischofs-, sondern auch Bierstadt. Neben dem „Schlenkerla", das durch sein Rauchbier weithin bekannt wurde, gibt es zahlreiche andere renommierte Brauhäuser in der Stadt – so auch das „Spezial" mit seinem schöngelegenen „Bierkeller".

Linke Seite:
Inmitten der Regnitz, genau auf der Grenze zwischen Bischofs- und Bürgerstadt, liegt das Alte Bamberger Rathaus mit seinen reizvollen barocken Bemalungen von J. Michael Küchel. Das 1688 im schönsten Fachwerk vorgebaute Rottmeisterhäuschen scheint geradezu auf dem Wasser zu schweben.

123

Oben:
Mitte des 16. Jahrhunderts zog es den Coburger Herzog Johann Ernst von der Veste herunter in die Stadt. Nach einem Brand und mehreren Umbauten präsentiert sich die Ehrenburg heute im Stil der englischen Neogotik.

Rechts:
Fronleichnamsprozession auf dem Bamberger Domplatz. Das 1237 geweihte romanisch-gotische Gotteshaus geht auf zwei Vorgängerbauten zurück, die beide ein Opfer der Flammen wurden. Finanziert wurde der Neubau durch Kaiser Friedrich II., der Bamberg zum Zentrum eines neuen Bistums erhob.

Oben:
Markgräfin Wilhelmine machte die in einer Schleife des Roten Mains angelegte Parklandschaft der Eremitage zu einem Mittelpunkt des höfischen Lebens in Bayreuth.

Links:
Seit 1876 empfängt Bayreuth die Wagnerianer aus aller Welt zu den berühmten Festspielen. Obwohl der Musentempel auf dem „Grünen Hügel" fast 2000 Plätze fasst, müssen diese schon Jahre vorher bestellt werden. Auch für diejenigen, die Wagner nicht so sehr mögen, empfiehlt sich zumindest eine Führung durch das Haus.

Unten:
Die Basilika zur Heiligen Dreifaltigkeit in Gößweinstein (1730–1739) zählt zu jenen großen Meisterwerken, die Balthasar Neumann dem Frankenland hinterlassen hat. Wie man erzählt, soll die Burg Gößweinstein für die Gralsburg in Richard Wagners „Parsifal" Pate gestanden haben.

Rechts oben:
Das Wiesenttal im „Muggendorfer Gebürg", wie die Fränkische Schweiz damals hieß, wurde Ende des 18. Jahrhunderts von den Literaten Ludwig Tieck und Wilhelm Heinrich Wackenroder entdeckt und gilt mit seinen Felsen, Burgen und dem idyllischen Flüsschen bis heute als Idealbild einer romantischen Landschaft.

Rechts Mitte:
Im Gegensatz zu den sehenswerten Schauhöhlen der Fränkischen Schweiz wie Teufels-, Bing- oder Sophienhöhle, die tief in den Berg hineinführen, handelt es sich bei der durch einen Einsturz entstandenen so genannten „Riesenburg" „nur" um ein großes Loch in einer Felswand.

Rechts unten:
Das kleine Tüchersfeld im Püttlachtal wird von mächtigen Felstürmen überragt. Kaum zu glauben, dass diese sogar einmal Burgen getragen haben. Jedenfalls sollte man sich nicht von der Straße aus mit dem Blick auf das grandiose Panorama begnügen, sondern selbst hinaufsteigen.

Oben:
Von pittoresken Felsen umgeben, bündelt das Städtchen Pottenstein in der Fränkischen Schweiz die Touristenströme. Obwohl der Ort im 16. und 18. Jahrhundert von gleich zwei großen Bränden heimgesucht worden ist, haben sich noch etliche schöne Fachwerkhäuser erhalten.

Rechts:
Kulmbach, für viele Deutschlands heimliche Hauptstadt des Bieres, hat mit der Plassenburg auch den Kunstfreunden ein echtes Schmankerl zu bieten. Höhepunkt der auf einer Burgstätte aus dem 12. Jahrhundert zurückgehenden weiträumigen Anlage sind der arkadengesäumte „Schöne Hof" und die größte Zinnfigurensammlung der Welt.

Links:
Das Forchheimer Rathaus, dessen ältester Teil Ende des 15. Jahrhunderts errichtet wurde, liefert im Bunde mit den angrenzenden Häusern dem Marktplatz eine herrliche fachwerkene Kulisse. Darüber hinaus verwandelt sich alljährlich im Dezember seine Schauseite in den – laut „Guinness-Buch der Rekorde" – „größten Adventskalender der Welt".

Unten:
Klein, aber fein: Seßlach im Coburger Land ist vollständig von einer turmbewehrten Stadtmauer umgeben. Für die vorbildliche Sanierung ihres malerischen Ortes wurden die Seßlacher in den 80er Jahren des vergangenen Jahrhunderts mit dem ersten Preis im Bundeswettbewerb belohnt.

VON NIEDER-BAYERN IN DIE OBERPFALZ

Die touristische Erschließung des bayerischen Ostens begann erst nach dem Zweiten Weltkrieg. Dass noch in den fünfziger Jahren in so manchen Wirtshäusern im Bayerischen Wald nur eine einzige Schüssel zur Hand gewesen sein soll, deren Nutzung sich zwangsläufig Küche und Gast zu teilen hatten, gehört zu jenen Geschichten, die heute an den abendlichen Kaminfeuern die Runde machen – und keiner mehr glaubt. Auch nicht, dass es dort über Jahrhunderte hinweg nicht einmal eine Hand voll Wege gegeben hat. Jedenfalls braucht sich diese Region schon längst nicht mehr zu verstecken und die Zahl derer, die hier „Deutschlands reinste Luft" atmen und sich ganzjährig aktiv erholen wollen, nimmt ständig zu.

Passau: Blick vom Innsteg hinüber zum Dom St. Stephan. Das mehr als 100 Meter lange, 33 Meter breite und in der Kuppel 69 Meter hohe größte hochbarocke Gotteshaus Bayerns wurde von Carlo Lurago in zwanzigjähriger Bauzeit auf den Mauern verschiedener Vorgängerkirchen errichtet.

Neben dem „Wald" prägt die Donau weite Teile Niederbayerns. Die fruchtbare Auenlandschaft, wird Gauböden geheißen. Dort, in Straubing, schlägt das „Herz Altbayerns". Zu dessen Schmuck stehen ringsum eine Reihe prächtiger barocker Klöster und Kirchen Spalier. Sie heißen Metten, Niederaltaich oder Osterhofen-Altenmarkt. Die Städte Landshut und Passau können sich ebenfalls sehen lassen: Sie zählen zu den Schönsten im ganzen Land. Dabei gibt sich Passau betont südländisch. Baumeister, Maler und Stuckateure aus Oberitalien und aus Tirol haben die Formen und Farben, die Architektur ihrer Heimat mitgebracht und die Stadt, die an sechs Ufern mit drei Flüssen (Donau, Inn und Ilz) kokettiert, geprägt.

Wasser und zwar heißes ist es auch gewesen, das drei niederbayerische Ortschaften berühmt gemacht hat. Während Füssing schon nach dem Krieg eine heiße Quelle nebst einer mehr als bescheidenen Badeanstalt sein Eigen nennen durfte, wurde man im Rottal erst in den siebziger Jahren fündig. Dafür ging hier alles umso schneller. So mauserten sich die beiden bäuerlichen Ortschaften Birnbach und Griesbach gewissermaßen über Nacht zu inzwischen weithin bekannten Bade- und Kurplätzen.

Eigentlich ist der Oberpfälzer Wald nur der kleinere, nördliche Bruder des Bayerischen Waldes. Doch bei dessen Geburt muss den Erdkräften für

Mitte des 6. Jahrhunderts errichteten Bajuwaren nahe einem alten Römerkastell die Siedlung „Strupinga". Die Anfänge von Straubing datieren von 1218 und gehen auf Ludwig den Kelheimer zurück. Der lange Straßenmarkt besteht aus zwei Teilen, dem Theresienplatz und dem Ludwigsplatz (im Bild) mit dem Stadtturm im Hintergrund.

einen Moment die Kraft ausgegangen sein. So bekamen die Berge mit dem Chamer Becken und der Further Senke einen Durchlass. Durch dieses Nadelöhr zwängten sich nicht nur die Warenzüge der Kaufleute, sondern ebenso die Heere der verschiedensten Kriegsherren. Dadurch war der Ruf der Oberpfalz als „Armenhaus Bayerns" für lange Zeit vorbestimmt.

Mönche waren es, die das Land erschlossen haben. Das Kloster Waldsassen besitzt im Bibliothekssaal sein glanzvollstes Schaustück. Thema der Schnitzereien des Karl Stilp sind die Vertreter all jener verschiedenen Berufe, die mit dem Werden eines Buches zu tun haben und mit viel Ironie und Sarkasmus dargestellt wurden. Bücher spielen auch im Kloster St. Emmeram zu Regensburg eine besondere Rolle. Entstanden doch in der dortigen Schreibschule die schönsten und wertvollsten Denkmäler karolingischer Schreibkunst – allen voran der „Codex Aureus". Und obwohl dieser mit der Säkularisation in die Landeshauptstadt München gekommen ist, gibt es in Regensburg noch mehr als genug Sehenswertes aus 2000 Jahren großer Geschichte.

IMMERWÄHRENDER REICHSTAG

Die Historie begann als römisches Militärlager „Castra Regina". Später wurde Regensburg Hauptstadt der bayerischen Stammesherzöge und nach der Machtübernahme durch die Karolinger Residenz des ostfränkischen Königs. Die Freie Reichsstadt besaß nicht nur weit reichende Handelsverbindungen nach ganz Europa, sondern wurde auch zum Schauplatz wichtiger Reichsversammlungen und ab 1663, als Austragungsort

Diese darf sich gleich etlicher spektakulärer Wahrzeichen rühmen. So des Domes St. Peter und jener über 300 Meter langen Steinernen Brücke, welche seit dem 12. Jahrhundert die Donau überspannt. Unverwechselbares Kennzeichen von Regensburg sind jedoch jene mittelalterlichen Hochhäuser (Geschlechtertürme), bei deren Anblick man sich in San Gimignano in der Toskana wähnt.

Unten:
Die „Walhalla" bei Donaustauf überragt weithin sichtbar die Donauebene. Das monumentale Bauwerk in Gestalt eines griechischen Tempels geht auf König Ludwig I. beziehungsweise auf dessen Hofbaumeister Leo von Klenze zurück und birgt die Büsten „rühmlich ausgezeichneter Teutscher" – zu denen allerdings nur ganze vier Frauen gerechnet wurden.

des „Immerwährenden Reichstages", Hauptstadt des Heiligen Römischen Reiches Deutscher Nation. Dies ist der Grund, warum nirgendwo anders hierzulande „die Entwicklung eines Gemeinwesens von der Römerzeit bis in unsere Tage in einer derart lückenlosen Geschlossenheit" nachvollzogen werden kann wie in der historischen Altstadt von Regensburg (H. Schukraft).

Ganz Links:
Alljährlich Mitte August zieht der „Drachenstich" in Furth im Wald tausende Zuschauer in seinen Bann. Zu diesem Spektakel gehört zwar auch ein Festzug, aber am meisten interessiert die Leute, ob und wie Ritter Udo den Feuer und Rauch speienden Drachen zur Strecke bringt.

Links:
Der Regensburger Spitalgarten gehört zu den vielen Einkehrmöglichkeiten der alten Donaustadt, in denen man in romantischer Umgebung gut essen und trinken kann.

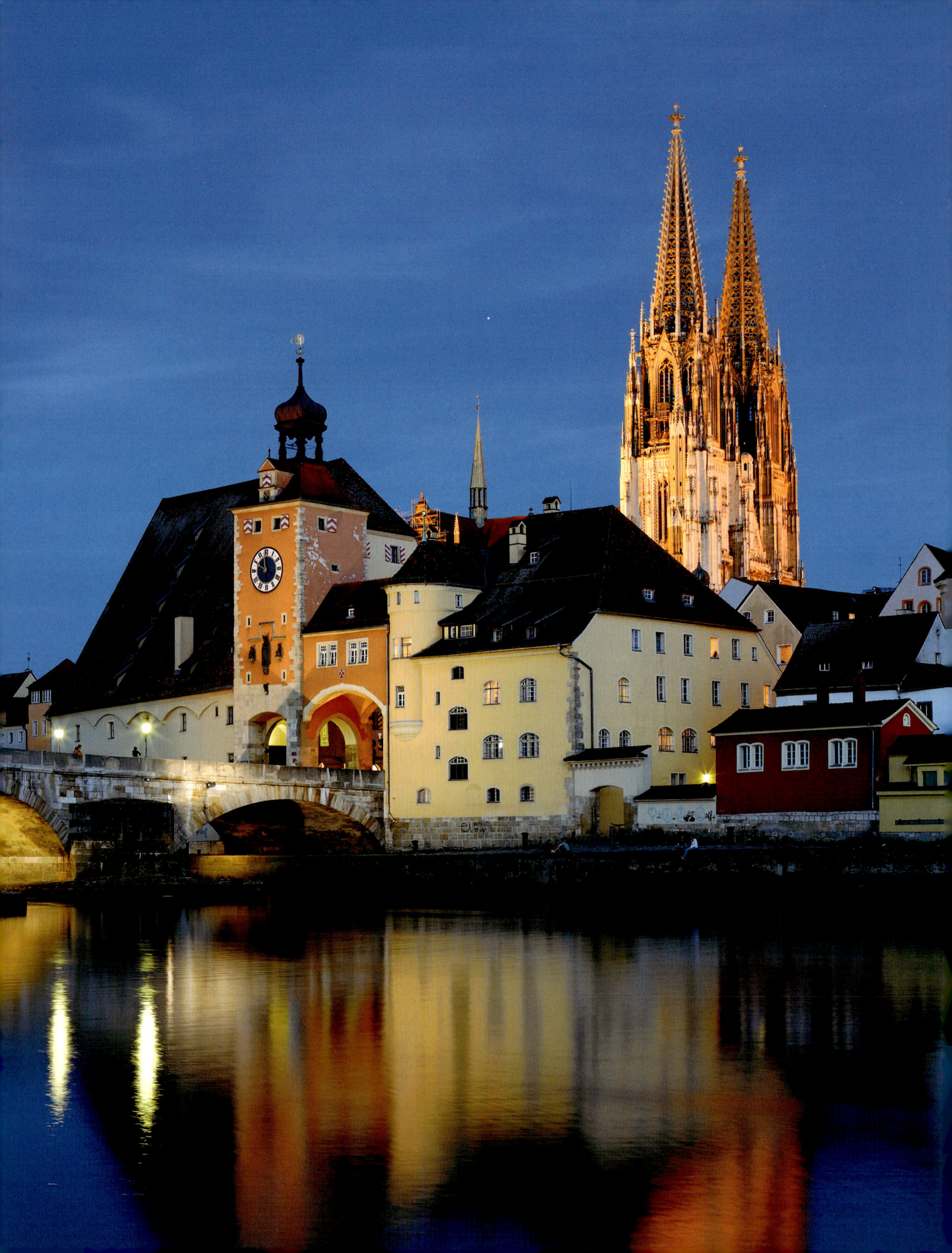

Linke Seite:
300 Meter lang und auf 16 Bogen gestützt, überspannt die Steinerne Brücke in Regensburg seit Mitte des 12. Jahrhunderts die Donau. Dahinter, als nicht zu übersehendes Wahrzeichen der Stadt, der Dom St. Peter. Mit dem Bau des jetzigen Gotteshauses wurde nach 1273 begonnen.

Unten:
Ein Haus reiht sich an das andere, für den Weg bleibt nur ein schmaler Durchlass: Die engen Gassen in Regensburg machen deutlich, wie sparsam in einer mittelalterlichen Stadt mit dem begrenzten Platz innerhalb der schützenden Mauern umgegangen werden musste.

Unten:
Die ehemalige Benediktinerabtei in dem 1938 nach Regensburg eingemeindeten Prüfening ist eine Gründung Bischof Ottos I. von Bamberg (1109) und war bis zur Säkularisation dem dortigen Hochstift unterstellt. 1897 wurden in der jetzigen Pfarrkirche St. Georg bemerkenswerte Fresken aus dem 12. Jahrhundert aufgedeckt.

Oben:
Burglengenfeld an der Naab: Eine Befestigung des 11. Jahrhunderts gab der Siedlung den Namen. Die Burg selbst kam sowohl im Landshuter Erbfolgekrieg als auch im Dreißigjährigen Krieg zu Schaden und verdankt nur dem Eingreifen des damaligen Kronprinzen Ludwig ihren Erhalt.

Rechts:
An der Mündung der Vils in die Naab liegt Kallmünz, die „Perle des Naabtales". Die durch die natürlichen Gegebenheiten bedingte enge Nachbarschaft von Burgruine, Ort und Fluss bietet einen überaus romantischen Anblick. Der älteste Teil der Brücke ist 500 Jahre alt.

Oben:
Weit schweift der Blick von der „Walhalla" über die Wiesen, Felder und Wälder der Donauebene.

Links:
Weiden ist das Zentrum der nordöstlichen Oberpfalz. 1241 erstmals erwähnt, erlebte es unter Kaiser Karl IV., der die Prag und Nürnberg verbindende „Goldene Straße" durch die Stadt führen ließ, eine frühe Blüte. Das Rathaus in der Mitte des breiten Straßenmarktes entstand zwischen 1539 und 1545 im Stile der Renaissance.

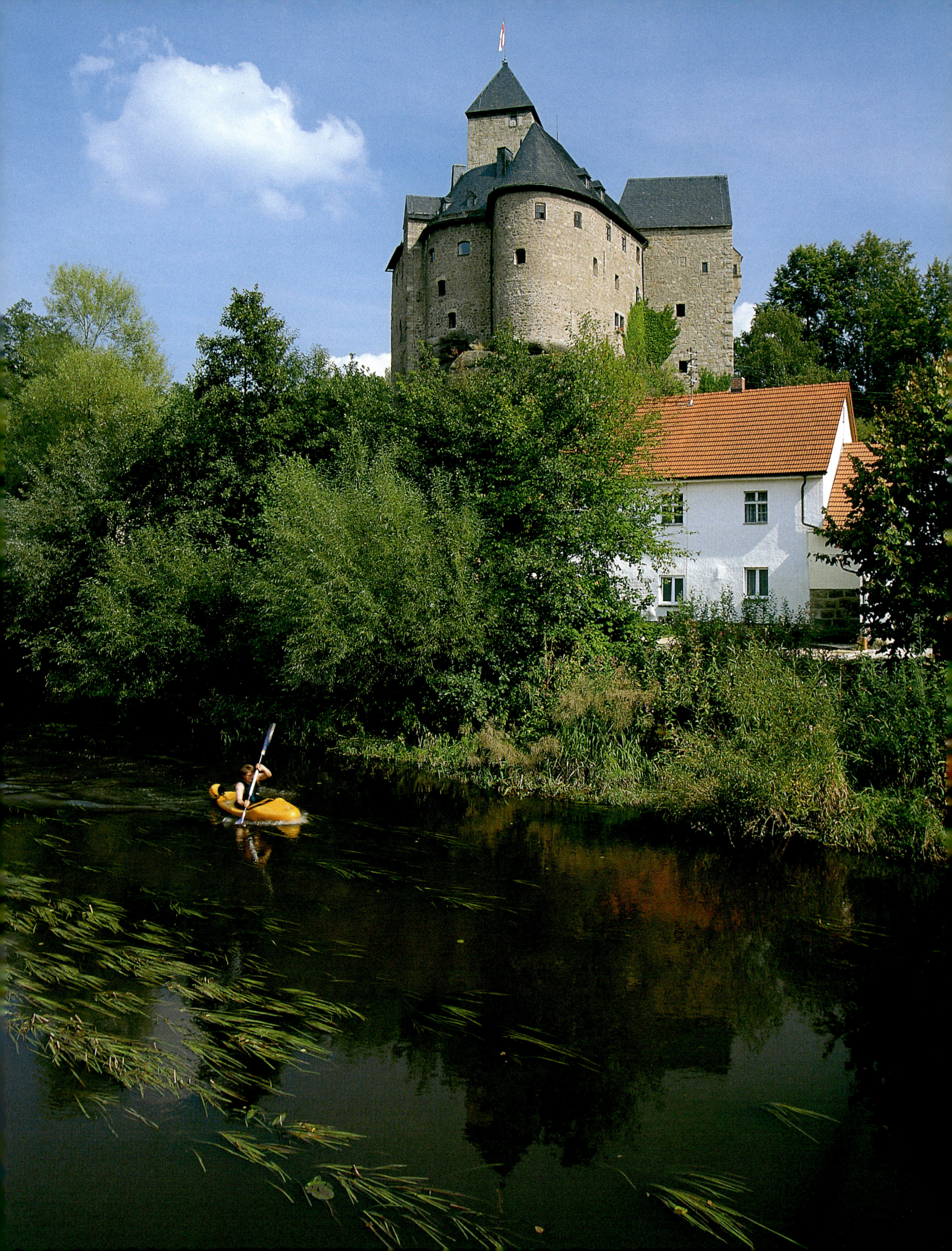

Linke Seite:
Der steile Felsen, dem die Burg Falkenberg im 12. Jahrhundert aufgesetzt wurde, ersparte die Verteidigungsmauer. Dem lange währenden Verfall der Anlage setzte erst in den dreißiger Jahren des vergangenen Jahrhunderts Graf Friedrich von der Schulenburg, der nach dem misslungenen Attentat auf Hitler hingerichtet wurde, ein Ende.

Biergarten „Blockhütte" bei Falkenberg. Wer nicht weiß, dass die Oberpfalz schon seit langem zu Bayern gehört, wird spätestens angesichts der hochentwickelten Biergarten-Kultur wieder daran erinnert.

Ganz links:
Früher ein häufiger Anblick in den Tälern der Oberpfalz, heute eher selten: ein Wasserrad.

Links:
Im Waldnaab-Tal. Der auch Böhmische Naab genannte Fluss, der nahe dem oberpfälzischen Bärnau seine Quelle hat, vereinigt sich mit der aus dem Fichtelgebirge kommenden Fichtelnaab und der nördlich von Kemnath entspringenden Heidenaab zur Naab, die oberhalb von Regensburg in die Donau mündet.

PROZESSIONEN UND RITTERSPIELE –
FEIERN AUF BAY

Oben:
Bevor es beim „Drachenstich" in Furth im Wald dem grausigen Untier ans Leben geht, verbreitet es vorher noch Angst und Schrecken.

Mitte:
In größtenteils noch aus altem Familienbesitz stammender Tracht gekleidet, ziehen die Wallfahrer bei Maria Eck singend und betend durch die Flur.

Unten:
Ein Fest ohne Blasmusik ist in Bayern beim besten Willen nicht vorstellbar.

Nirgendwo anders in Deutschland findet sich ein so auf jahrhundertealten, bis heute gültigen Traditionen fußender Festekalender wie in Bayern. Dieser beginnt im Frühling mit Flurprozessionen und reichem österlichen Brauchtum. Und er hält die Gaudi des Maibaumsetzens ebenso lebendig wie die Pfingstritte und die Feste der Kirchenpatrone, die Bittgänge und Prozessionen. Nicht zufällig ist Altötting der meist besuchte Wallfahrtsort in ganz Deutschland.

Das prächtigste der Kirchenfeste ist Fronleichnam. Dabei gibt es nicht nur auf dem Land Prozessionen, sondern auch auf dem Wasser – auf dem Staffelsee. Und da selbst an diesem heiligen Tag das Böse nicht ruht, muss Ritter Kuno den Drachen stechen. Das tat er im oberpfälzischen Furth im Wald immer während der alljährlichen Fronleichnamsprozession. Seit Mitte des 19. Jahrhunderts aber hat unser Held im August zu kämpfen. Und zwar gegen ein Untier, das auf 16 Meter Länge und drei Meter Höhe herangewachsen ist und unentwegt Feuer speit. Kein Wunder, dass ständig mehr Zuschauer bei der Exekution dabei sein wollen. So kommen die Extrakosten der Pyrotechniker wieder herein.

Während bei diesem Spektakel der mutmaßliche Anlass kaum mehr bekannt ist, erinnert die „Fürstenhochzeit zu Landshut" an ein konkretes historisches Ereignis, nämlich die Vermählung Georgs, Sohn Ludwigs des Reichen, mit der polnischen Königstochter Hedwig im Jahre 1475. Dabei wetteiferten Polen und Bayern darum, sich gegenseitig zu übertreffen. So erschien König Kazimierz IV. mit einem Gefolge von fast 700 Mann und 100 Wagen fürs Gepäck vor den Toren der Stadt. Ludwig der Reiche wiederum sorgte fürs Essen, weshalb 40 000 Hühner, über 1000 Schafe, knapp 500 Kälber, reichlich 300 Ochsen und fast so viele Schweine ihr Leben lassen mussten.

GLÜCKSELIGKEIT UND LEID

An eine andere berühmte Hochzeit erinnern die Agnes-Bernauer-Festspiele in Straubing. Nachdem der spätere Herzog Albrecht III. alle Standesbedenken ignoriert und die schöne Baderstochter Agnes geehelicht hatte, bedurfte es krimineller Anstrengungen des herzoglichen Vaters, um die

ERISCH

Mesalliance aus der Welt zu schaffen. Er ließ die Schwiegertochter als Hexe verurteilen und in der Donau ertränken.

Obwohl keinem konkreten geschichtlichen Ereignis verpflichtet, erfreuen sich die Ritterspiele in Kiefersfelden schon seit vielen Generationen großen Zuspruchs. Die ältesten Historienspiele Deutschlands gehen in ihren Anfängen auf das Jahr 1618 zurück. Doch der Stoff, aus dem sie gemacht sind, jene Mischung aus Glückseligkeit und Leid, aus Liebe und Tod, in ziemlicher Direktheit und mit viel Sentiment vorgestellt, wirkt offenbar damals wie heute.

Oben:
Das Aufstellen des Maibaumes ist eine Kunst, die gelernt sein will. Vor allen Dingen aber macht sie großen Durst.

Links:
Eine der bekanntesten Leonhardifahrten hat die Pfarrkirche von Kreuth im Tegernseer Tal zum Ziel, die als das älteste Heiligtum des Viehpatrons in Bayern gilt.

Links:
Obwohl es noch früh am Tag ist, findet sich in dem am Chinesischen Turm gelegenen Biergarten in Münchens Englischem Garten kaum mehr ein freier Platz.

Die berühmten Oberammergauer Passionsspiele gehen auf ein Gelübde aus dem Pestjahr 1633 zurück und finden seither im zehnjährigen Rhythmus statt.

141

Oben:
Die eindrucksvolle Ruine eines ehemaligen Nonnenklosters findet sich in Gnadenberg im Landkreis Neumarkt in der Oberpfalz. 1426 wurde hier die erste Niederlassung des Brigittenordens in Süddeutschland gegründet.

Rechts:
Karl Stilp hieß der Künstler, der mit großem Können und Ironie den Bibliothekssaal des Klosters Waldsassen mit viel bewundertem Schnitzwerk dekoriert hat. Die Atlanten, welche die Galerie tragen, sind nicht der Antike verpflichtet, sondern Vertreter jener Berufe, die mit der Entstehung eines Buches zu tun haben.

Links:
Nicht nur im Großen Saal, sondern auch in der Kapelle des Renaissanceschlosses Ortenburg im Wolfachtal finden sich herrlich gestaltete Kassettendecken. Die Grafen von Kraiburg-Ortenburg, die die Anlage noch heute bewohnen, gehörten einst zu den mächtigsten bayerischen Adelsgeschlechtern.

Unten:
Die Geburtsstunde des im niederbayerischen Bäderdreiecks gelegenen Zisterzienserklosters Fürstenzell schlug im Jahr 1274. Im Ostflügel des Ende des 17. Jahrhunderts errichteten ehemaligen Klostergebäudes befindet sich der Bibliothekssaal, der geradezu rauschhaft im schönsten Rokoko dekoriert wurde.

Unten:
Die Idee der Befreiungshalle auf dem Kelheimer Michelsberg hatte König Ludwig I., während seine Architekten Friedrich Gärtner und Leo von Klenze die Pläne lieferten. Der Öffentlichkeit übergeben wurde sie 1863, zum 50-jährigen Jubiläum der Völkerschlacht bei Leipzig.

Rechts oben und Mitte:
Bevor die Donau Kelheim erreicht, musste sie – im Laufe von Millionen von Jahren – ein mächtiges steinernes Hindernis überwinden. Das heißt, sie hat sich tief in den Berg hineingeschnitten und dabei eine beeindruckende Durchbruchsschlucht geschaffen. In dieser Enge verbirgt sich das Kloster Weltenburg. Mit dem Bau und der Ausgestaltung der neuen Klosterkirche zu Beginn des 18. Jahrhunderts begründeten die damals noch jungen Gebrüder Asam ihren Ruf als herausragende Künstler des Barock in Bayern.

Rechts unten:
Gleich dem gewundenen Leib einer riesigen Schlange überquert beim Markt Essing die knapp 200 Meter lange, ausschließlich den Fußgängern vorbehaltene größte Holzbrücke Europas den Main-Donau-Kanal. Die alte Burg Randeck ist nur noch als Ruine erhalten geblieben.

Oben:
Die Große Vils gab der 1000-jährigen Stadt Vilsbiburg im niederbayerischen Hügelland den Namen. Der massige Torturm am Ende des historischen Stadtplatzes wurde im 16. Jahrhundert errichtet und birgt heute ein Heimatmuseum, in dem auch die berühmte Kröninger Hafnerware zu sehen ist.

Rechts:
Die Burg Trausnitz über Landshut wuchs seit Anfang des 13. Jahrhunderts und soll unter anderem die Minnesänger Neidhart von Reuenthal, Reinbot von Durne und den Tannhäuser in ihren Mauern gesehen haben. In den siebziger Jahren des 16. Jahrhunderts wurden die hölzernen Galerien im Burghof durch steinerne ersetzt.

Blick auf den Ludwigsplatz von Kelheim. Die Stadt, in der Altmühl und Donau zusammenkommen, wurde 866 erstmals urkundlich erwähnt. Der alte Herzogssitz verlor jedoch schon Mitte des 13. Jahrhunderts an Bedeutung, als Otto II. seine Residenz nach Landshut verlegte.

32 Kinder soll jener sagenhafte Graf Abo gehabt haben, der als Gründer von Abensberg (um 1000) gilt. Das „Tor zur Hallertau" hat ein schönes historisches Stadtzentrum zu bieten. Darüber hinaus ist es für seinen Spargel bekannt, der auf dem Sandboden besonders gut wächst.

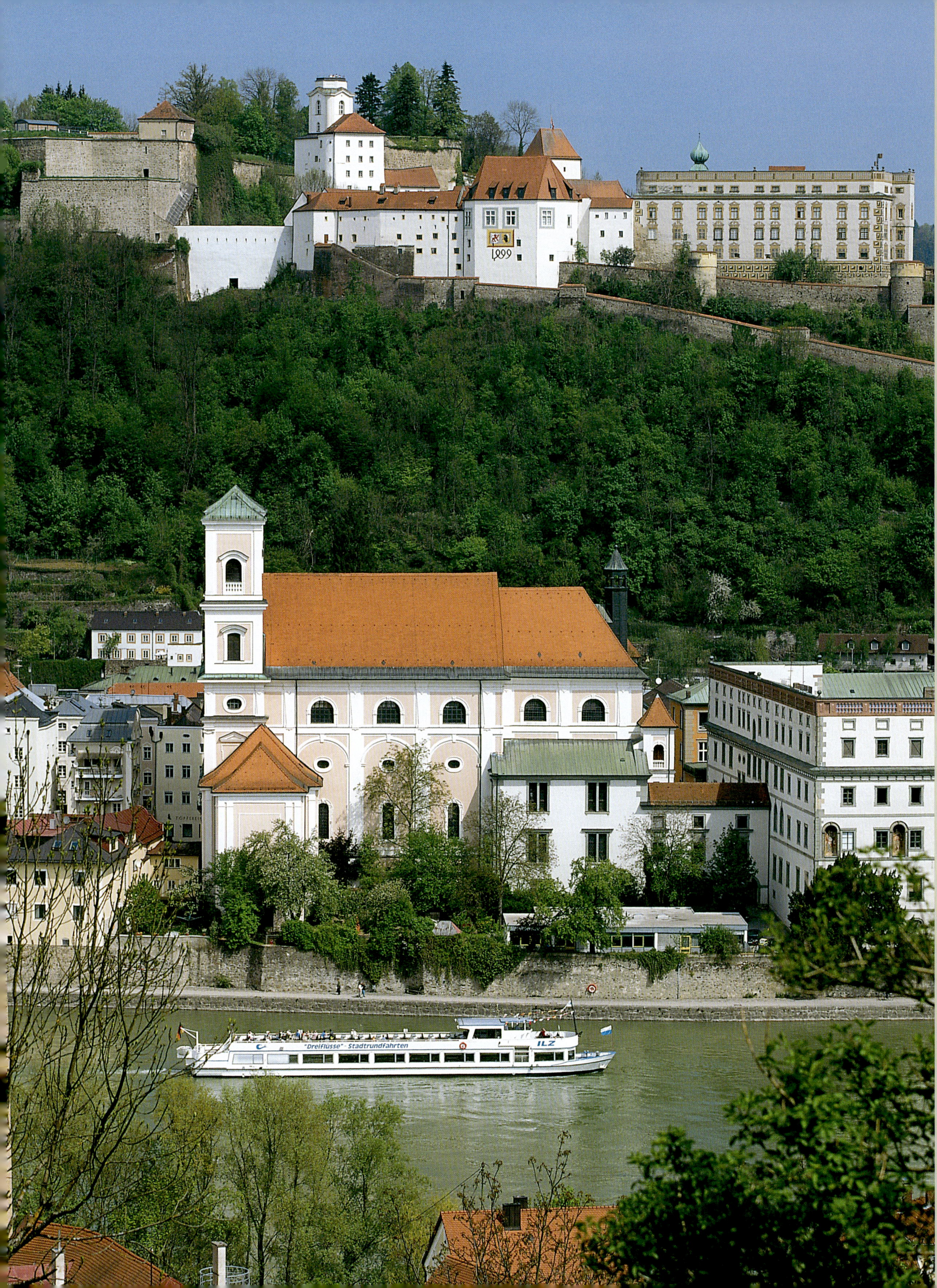
"Dreiflüsse" Stadtrundfahrten
ILZ

Linke Seite:
Blick über den Inn auf die ehemalige Jesuitenkirche St. Michael und die Veste Oberhaus in Passau. Die Anfänge des mächtigen Verteidigungswerkes datieren aus dem 13. Jahrhundert. Nachdem die Gebäude auch als Kaserne und Gefängnis zu dienen hatten, beherbergen sie heute unter anderem ein Museum.

Der riesige Dom St. Stephan zu Passau wurde Ende des 17. Jahrhunderts barock ausgestaltet. G. B. Carlone und P. d'Aglio sowie 16 Gehilfen brauchten acht Jahre für die überquellende Stuckdekoration, die aus rund 1000 Figuren und Figurenelementen besteht. Einen weiteren Superlativ verkörpert die Orgel. Mit 232 Registern ist sie eine der größten der Welt.

Der hinter dem Chor des Domes gelegene Residenzplatz von Passau kann nicht nur die repräsentative Neue Residenz vorzeigen, sondern auch viele andere stattliche Gebäude, die sich um den Wittelsbacherbrunnen gruppieren.

Oben:
So ruhig ist es an den beiden Arberseen im Bayerischen Wald nur selten. Bedingt durch die touristische Erschließung des mit 1457 Metern höchsten Gipfels dieses Gebietes, den Großen Arber, finden viele Menschen hierher.

Rechts:
Der Nationalpark Bayerischer Wald liegt im nordöstlichen Teil eines großen Landschaftsschutzgebietes und umfasst heute rund 25 000 Hektar. Hier haben auch solche Tiere wieder ein Zuhause gefunden, die einst durch den Menschen ausgerottet wurden: Luchs und Wolf, Wisent und Bär.

Links:
Die grasenden Wisente scheinen sich offensichtlich wohlzufühlen. Voraussetzung dafür ist allerdings, dass ihnen der Mensch nicht in die Quere kommt. Deshalb sind sie – gleich den anderen „Heimkehrern" des Nationalparks Bayerischer Wald – in weiträumigen Gehegen untergebracht und nur von bestimmten Stellen aus zu beobachten.

Unten:
Im Naturschutzgebiet Riesloch bei Bodenmais, tief drin im „Woid" – wie die Einheimischen sagen. Keiner hat diesen Wald und seine Bewohner besser beschrieben als der Dichter Adalbert Stifter, der am 23. 10. 1805 im heute zu Tschechien gehörenden Oberplan das Licht der Welt erblickte.

Oben:
Blick auf den Gipfel des Großen Arbers, im Vordergrund die Zwieseler Hütte. Wenn das Wetter mitspielt, eröffnet sich von hier aus eine grandiose Aussicht bis hin zum Erzgebirge im Norden und den Alpen im Süden.

Rechts:
Wie bei so vielen anderen Wackelsteinen besteht auch bei diesem nahe Solla im Bayerischen Wald gelegenen die Kunst darin, jene Stelle zu kennen beziehungsweise ausfindig zu machen, von der aus man ihn bewegen kann.

Oben:
Der Große Arber ist gewissermaßen die Wetterfahne auf dem „grünen Dach Europas" – wie das größte zusammenhängende Waldgebirge unseres Kontinents auch genannt wird. Die Kräfte der Natur haben den felsigen Untergrund bloßgelegt. Und die wenigen Bäume hier oben wachsen bestimmt nicht in den Himmel.

Links:
Am Dreiburgensee bei Tittling lädt ein sehenswertes Freilichtmuseum zum Besuch ein. Rund ein halbes Hundert Wohn- und Wirtschaftsgebäude sowie Werkstätten vermitteln ein lebendiges Bild von den einstigen entbehrungsreichen Lebens- und Arbeitsbedingungen der Bewohner des Bayerischen Waldes.

REGISTER

	Textseite	Bildseite
Abenberg		121
Altomünster		76
Altötting	140	33
Amorbach		110
Andechs	38	11
Ansbach	19	119
Aschaffenburg		109
Augsburg	19, 95, 100f	98-101
Bad Berneck		19
Bad Brückenau		109
Bad Oberdorf		84
Bad Reichenhall		25
Bad Tölz		58
Bad Wiessee		59
Bamberg	19, 39, 93	123f
Bayreuth	19, 39, 93	124
Berchtesgaden		7, 51
Bolsterlang		86
Bühl		91
Burghausen		11
Burglengenfeld		136
Coburg	20	123
Dachau	32	38
Dießen		73
Dinkelsbühl	94	114
Donauwörth	95	97
Egling-Neufahrn		11
Eichstätt	19, 31	77
Erding	32	76
Erlangen		118f
Escherndorf	112	19
Ettal		69
Ettenberg		53
Falkenberg		139
Feuchtwangen		120
Forchheim		129
Furth im Wald	140	133, 140
Fürstenzell		143
Fürth		118
Füssen	33	88
Gaißach		60
Garmisch-Partenkirchen		63f
Glentleiten		70f
Gnadenberg		142
Gößweinstein		126
Grainau		64
Greimharting		32
Harburg		97
Herrenchiemsee	33, 81	56
Hindelang		17, 84, 89
Hohenschwangau	33	25, 83, 88
Högertshausen		76
Ingolstadt	23, 31, 38	
Iphofen		106, 113
Kallmünz		136
Kaltenberg		73
Karlstadt		95, 106
Kelheim	23	144, 147
Kempten		88

	Textseite	Bildseite
Klingenberg	112	110
Kreuth		141
Kulmbach	39	128
Landsberg		72
Landshut	131, 140	146
Lenggries		60
Leoni		75
Linderhof	33, 81	68f
Lohr		106
Mariabrunn		77
Maria Eck		33, 140
Maria Trost		86
Marktbreit		107
Markt Essing		145
Memmingen	33	90
Mespelbrunn		108
Miltenberg		111
Mindelheim	33	90
Mittenwald		31, 65, 71
München	17, 19-23, 32, 38f, 48f	34-47, 49, 140f
Münsing		55
Nesselwang		86
Neuschwanstein	33, 81	25, 77, 80f, 88
Nördlingen	94	97
Nürnberg	19f, 25, 93f	25, 117
Oberammergau		71, 141
Oberstdorf	33	89
Ortenburg		143
Passau	17, 23, 131	131, 149
Pähl		70
Pegnitz		120
Possenhofen		75
Pottenstein		128
Ramsau		7, 52
Regensburg	17, 23, 132f	133, 135
Rosenheim		58
Rothenburg ob der Tauber	19, 94	22, 93, 114f
Schwangau		82
Seßlach		129
Spalt		19
Straubing	23, 131, 140	132
Sulzfeld		112
Tegernsee	23	59
Teisendorf		21
Thalkirchen		41
Tittling		153
Truchtlaching		56
Tutzing		74
Tüchersfeld		127
Vilsbiburg		146
Volkach	113	110
Waldsassen	132	142
Wallgau		31
Wasserburg		24, 91
Weiden		137
Weißenburg	17, 19	121
Wemding		96
Würzburg	19, 94, 112	18, 95, 103f, 112

Eisenach
Erfurt
Jena
Gera
SACHSEN
Chemnitz
Bad Hersfeld
THÜRINGEN
Zwickau
HESSEN
Saalfeld
Gießen
Fulda
Sonneberg
Bad Neustadt
Coburg
Hof
Kronach
ankfurt
Hanau
Bad Kissingen
Lichtenfels
Selb
Alzenau
ffenbach
Kulmbach
Markt-
redwitz
Schweinfurt
OBERFRANKEN
TSCHECHIEN
Lohr
Aschaffen-
burg
Main
Bayreuth
UNTERFRANKEN
Bamberg
Main
Oberpfälzer Wald
Plzeň
(Pilsen)
Würzburg
Kitzingen
Steigerwald
Pegnitz
Höchstadt
Forchheim
Weiden
OBERPFALZ
Aisch
Neustadt
Erlangen
Sulzbach-
Rosenberg
Bad
Windsheim
Fürth
Naab
Heidelberg
Nürnberg
Amberg
Rothenburg
o.d. Tauber
MITTELFRANKEN
Schwandorf
Furth
im Wald
Ansbach
Schwabach
Neumarkt
Fränkische Alb
Cham
DEUTSCHLAND
Roth
Regen
Burglengenfeld
Bayerischer Wald
Gr. Arber
1.145 m
Heilbronn
Schwäbisch
Hall
BAYERN
Weißenburg
Zwiesel
Altmühl
Dinkelsbühl
Beilngries
Regensburg
BADEN-
WÜRTTEMBERG
Regen
Donau
Kelheim
Straubing
Eichstätt
Deggendorf
Freyung
Nördlingen
Aalen
Stuttgart
Neustadt
NIEDERBAYERN
Ingolstadt
Hallertau
Donauwörth
Neuburg
Landau
Donau
Vilshofen
Passau
Dillingen
Pfaffenhofen
Landshut
Reutlingen
Aichach
Moosburg
Günzburg
Eggenfelden
Ulm
Neu-Ulm
Augsburg
Freising
Inn
Königs-
brunn
Erding
Dachau
Inn
Altötting
Illertissen
Krumbach
Waldkraiburg
Isar
Burghausen
Donau
Fürstenfeldbruck
Germering
München
Mindel-
heim
Landsberg
Ebersberg
Salzach
Ammer-
see
Starnberg
Memmingen
Lech
OBERBAYERN
SCHWABEN
Starn-
berger
See
Chiem-
see
Traunstein
Wolfrats-
hausen
Kaufbeuren
Rosenheim
Prien
Salzburg
Iller
Weilheim
Markt-
oberdorf
Miesbach
Chiemgau
Bad Tölz
Bad
Reichenhall
Konstanz
Kempten
Tegern-
see
Rottach-
Egern
Wendelstein
1.838 m
Boden-
see
Murnau
Allgäu
Königs-
see
Watzmann
2.713 m
Lindau
Immenstadt
Füssen
Sonthofen
Garmisch-
Partenkirchen
Nebelhorn
2.224 m
Sankt Gallen
Dornbirn
Zugspitze
2.963 m
Alpen
Oberstdorf
Inn
Mädelegabel
2.645 m
Innsbruck
SCHWEIZ
ÖSTERREICH

IMPRESSUM

Buchgestaltung
SILBERWALD
Agentur für visuelle Kommunikation, Würzburg

Karte
Fischer Kartografie, Aichach

Alle Rechte vorbehalten

Printed in Germany
Repro: Artilitho, Trento-Lavis, Italien
Druck/Verarbeitung: Offizin Andersen Nexö, Leipzig

© 2008 Verlagshaus Würzburg GmbH & Co. KG
© Fotos: Martin Siepmann

ISBN 978-3-8003-1886-5

Unser gesamtes Programm finden Sie unter:
www.verlagshaus.com

Viehscheid in Oberstaufen. In einer Gegend, wo das Vieh eine so große wirtschaftliche Rolle spielt wie im Milch- und Käseland Allgäu, versteht es sich von selbst, dass ein so wichtiges Ereignis im bäuerlichen Jahr auch gebührend gefeiert wird.